HILDEGARD NIEMANN

TIER *aktiv*

Spiel- und Wohnideen für

Wellensittiche

Inhalt

So vielseitig wie ihr Gefieder ist auch die Welt der quirligen Wellensittiche.

So sind Wellensittiche

Wohnparadiese für Wellensittiche

Beschäftigung für Wellensittiche

Die kleine Wellensittich-schule

Tricktraining für Wellensittiche

Umschlagklappen

IN JEDEM NEUGIERIGEN WELLENSITTICH SCHLÄGT
DAS HERZ EINES KLEINEN ENTDECKERS!

So sind
Wellensittiche

Sie sind klein, quirlig und blitzschnell. Mit ihrem Temperament und ihrer Lebensfreude begeistern uns Wellensittiche seit über 200 Jahren. Sie besitzen eine schnelle Auffassungsgabe, sind neugierig und verspielt. Um den Ansprüchen der gefiederten Kobolde gerecht zu werden, muss man ihr Verhalten und ihre Bedürfnisse genau kennen. Dann kann man den intelligenten Vögeln mit ihrem faszinierenden Sozialverhalten ein Zuhause bieten, in dem sie sich rundum wohlfühlen.

Biologie

Wellensittiche haben sich in der Natur an einen sehr extremen Lebensraum angepasst. Nicht nur ihr Körperbau, auch ihr gesamtes Sozialverhalten dient dem einen Ziel: auch unter widrigsten Bedingungen zu überleben und den Anschluss an den Schwarm nicht zu verlieren.

WACHSAME BEUTETIERE

Die Aborigines nennen Wellensittiche »Budgerigar«. Das bedeutet »Gutes Essen«. Sittiche sind Beute- und Fluchttiere und immer auf der Hut vor Feinden. Ihre Augen liegen an den Kopfseiten und sorgen für eine fast komplette Rundumsicht. Sittiche reagieren bis zu siebenmal schneller als wir – das sichert ihnen das Überleben bei Angriffen durch Raubvögel oder Reptilien.

FLEISSIGE BRÜTER

Bei guten Bedingungen ziehen Wellensittiche sehr viele Junge in sehr kurzer Zeit auf. Mit vier Wochen sind die Kleinen flügge und schon mit etwa zwei Monaten selbst fortpflanzungsfähig.

AUSDAUERNDE FLIEGER

Obwohl sie so zierlich sind, sind Wellensittiche kleine Hochleistungssportler. Sie fliegen auf der Suche nach Futter im Notfall bis zu 100 Kilometer am Stück, bevor sie erschöpft zu Boden gehen. Möglich macht diesen Kraftakt das Depotfett, das die Vögel im Brustbereich speichern.

CLEVERE ÜBERLEBENSKÜNSTLER

Als Nomaden passen sich Wellensittiche auch an ungewohnte neue Nahrungsquellen an. Das nach Australien eingeschleppte amerikanische Büffelgras erleichtert ihnen das Leben und sorgt für kleine, stabile Populationen, die zur Futtersuche nicht mehr weiterziehen müssen.

GUT ANGEPASST

In der Natur leben Wellensittiche in sehr kargen, trockenen Gebieten. Dank einer salzausscheidenden Drüse können sie auch Wasser aus Salzseen trinken. Und im Schwarm entdecken sie leichter mögliche Futterquellen.

Verhaltensweisen

Der Tag eines Wellensittichs ist sehr aktiv: Entspannung, geschäftiges Treiben und Kontakte mit Schwarmgefährten wechseln sich ab. Langweilig wird es den Vögeln in einem naturnah gestalteten Lebensraum daher nie.

WOHLIGES SCHNÄBELN

Ihre Zuneigung bekunden Wellensittiche durch gegenseitiges Stoßen und Reiben der Schnäbel. Dabei werden die Pupillen kleiner, das Kopfgefieder ist aufgestellt.

REGELMÄSSIGES RUHEN

Eine kleine Pause tut gut. Entspannt sitzt der Sittich auf einem Bein und beobachtet seine Umwelt. Das Gefieder ist leicht geplustert, und die Wangenfedern sind etwas vorgeschoben. Oft ist auch ein leises Schnabelknirschen zu hören, ein Zeichen höchsten Wohlbefindens. Meist ziehen sich die Australier nach einem aufregenden Morgen um die Mittagszeit zu einer längeren Pause zurück und suchen sich einen ruhigen, etwas erhöhten Ort für ihre kleine Mittagsruhe aus.

GENAUE GEFIEDERPFLEGE

Nur mit einem perfekten Gefieder kann ein Sittich richtig fliegen. Sorgsam reinigt er jede Feder mit dem Schnabel und legt sie in Position. Kräftiges Schütteln rundet die tägliche Pflege ab.

EIFRIGES NAGEN

Der Wellensittichschnabel besteht aus Keratin und wächst ein Leben lang. Bis zu 7,5 mm pro Jahr müssen die Vögel durch Nagen abnutzen. Neben frischen Zweigen zerknabbern sie auch Pappe, Papier und Karton. Fehlt geeignetes Nagematerial, fühlen sich die Vögel unwohl und nagen an Dingen, die ungeeignet sind. Vergiftungen können die Folge sein.

AUSGELASSENES TOBEN

»Happy to be alive« könnte man die spontanen Ausbrüche von Lebensfreude der Australier nennen. Laut rufend und mit waghalsigen Manövern fliegen die Wellensittiche beim Freiflug durch die Wohnung.

Körpersprache

Wellensittiche sind gesellig und fühlen sich nur in der Gruppe sicher und geborgen. Um in einer solch großen Gemeinschaft möglichst konfliktfrei zu leben, haben die Vögel eine ausgefeilte Körpersprache entwickelt.

ÄNGSTLICH

Der Wellensittich steht hoch aufgereckt auf beiden Beinen. Sein Gefieder ist eng angelegt, und er sichert nach beiden Seiten sowie nach oben, indem er den Kopf zur Seite legt. Kurz vor seiner Flucht setzt er Kot ab, um sich leichter zu machen. Wenn Wellensittiche erschrecken, treten diese körperlichen Signale sehr schnell auf und sind für den Halter kaum sichtbar. Die Australier fliegen plötzlich hektisch oder panisch auf. Bemühen Sie sich, die Ursache für die Angstreaktion zu finden.

GANZ ENTSPANNT

Der Sittich beobachtet, beteiligt sich aber nicht am Geschehen. Sein Gefieder liegt an, er sitzt auf beiden Beinen. Vielleicht kann ihn ein Gefährte zum Spiel animieren?

HOCH KONZENTRIERT

Der Wellensittich spielt konzentriert und reagiert kaum auf Ansprache. Hat etwas ihre Aufmerksamkeit gefesselt, kann man die Vögel kaum ablenken. Am besten lässt man sie weiterspielen.

AGGRESSIV

Auch unter Wellensittichen kommt es manchmal zu Streit. Mit weit geöffnetem Schnabel und erhobenem Fuß stehen sich die Kontrahenten gegenüber. Besonders Weibchen verleihen ihrem Unwillen durch kleine Attacken Nachdruck. Unterschätzen sollte man solche Auseinandersetzungen nicht, denn der unterlegene Vogel könnte dauerhaft leiden.

BEI DER BALZ

Aufgeregt singt das Männchen mit aufgestellten Federn das Weibchen an, es »warbelt«. Das Weibchen sitzt leicht geduckt vor ihm und genießt das Schauspiel. Hat es sich entschieden, darf das Männchen aufsteigen.

Intelligenz

Auf der Suche nach Wasser und Futter müssen Wellensittiche enorme Strecken überwinden und sich immer wieder auf neue Situationen einstellen. Dies setzt ein gehöriges Maß an Intelligenz voraus. Die folgenden Eigenschaften zeigen, wie schlau und clever die Vögel sind.

NACHAHMUNG

Wellensittiche nehmen immer wieder Laute aus der Umgebung in ihr Repertoire auf. Beim Üben sollte man auf Worte mit »P« und »B« verzichten, denn Wellensittiche können diese Laute kaum bilden.

SPIELEN

Spielen ist ein Zeichen von Intelligenz, denn dabei werden soziale und geistige Fähigkeiten geübt. Wellensittiche beschäftigen sich gern mit buntem Spielzeug, das möglichst auch noch Töne von sich gibt. Außerdem lieben die flotten Flieger wilde Flugspiele mit ihren Gefährten. Aber auch Schaukeln und Klettern mit den Freunden bereiten den Vögeln viel Spaß.

NEUGIERDE

Wellensittiche beobachten ihre Umgebung sehr genau. Nichts entgeht ihrem scharfen Blick, und sie wollen ihre Neugierde rasch befriedigen. Wenn sich der Halter mit etwas beschäftigt, muss das doch interessant sein!

LERNFÄHIGKEIT

Im Gegensatz zu Singvögeln (Ausnahme: Rabenvögel) sind Wellensittiche ein Leben lang lernfähig. Und das kann immerhin 15 Jahre lang sein! Auch alte Vögel können bei entsprechender Förderung noch Erstaunliches leisten und freuen sich über neue Anregungen.

EHRGEIZ

»Was ist für mich drin?« Wellensittiche können einen erstaunlichen Ehrgeiz an den Tag legen, wenn sie ein Ziel verfolgen. Besonders leckeres Futter motiviert die Australier und lässt sie zur Hochform auflaufen. Selbst knifflige Futterautomaten überlisten sie im Handumdrehen.

DER ATOM—BALL IST EIN PRIMA LANDEPLATZ FÜR DIESES WELLENSITTICHTRIO!

Wohnparadiese für Wellensittiche

Käfig und Voliere sind der Spielplatz unserer Wellensittiche. Je größer und vielseitiger eingerichtet dieser Lebensraum ist, desto wohler fühlen sich die Australier. Mit Fantasie und Geschick lassen sich herrliche Wohnideen für Wellensittiche zaubern.

Vom Appartement bis zur Luxussuite

Wellensittiche sind muntere Vögel, die einen großen Bewegungsdrang haben. Der tägliche Freiflug ist daher für die kleinen Australier Pflicht. Natürlich dürfen die quirligen Sittiche in der Wohnung nicht ohne Aufsicht fliegen, denn die Verletzungsgefahr wäre zu groß. Einen Teil des Tages verbringen unsere Wellensittiche daher in ihrem Käfig oder in der Voliere. Dieser Lebensraum muss so gut an die Ansprüche der gefiederten Mini-Sportler angepasst sein wie nur möglich. Dabei ist nicht nur die Größe, sondern auch die

Form des Käfigs oder der Voliere ausschlaggebend dafür, ob sich die Wellensittiche in ihrem Heim wohlfühlen oder nicht.

Klein, aber fein: Käfige

Eine kleine Wohnung ist kein Hinderungsgrund für die Haltung der quirligen Kobolde. Mittlerweile gibt es sehr schöne Käfigmodelle, die den Bedürfnissen der Vögel entgegenkommen. Achten Sie beim Kauf darauf, dass die Käfigform eher lang gezogen statt hoch ist, denn Wellensittiche fliegen weniger in die Höhe, sondern eher in der Horizontalen. Je länger der Käfig also ist, desto besser können die Vögel den vorhandenen Raum nutzen. In sehr dunklen Wohnungen sollte man sich für sandfarbene oder sehr helle, pulverbeschichtete Käfigmodelle entscheiden, da die Wellensittiche sonst im Käfig zu dunkel sitzen. In hellen Wohnungen empfiehlt es sich, dunklere Modelle zu wählen, damit das Gitter nicht blendet. Achten Sie außerdem darauf, dass die Tür ausreichend groß ist. Zu kleine Türen sind den Vögeln unangenehm, und sie werden sich eventuell weigern, nach dem Freiflug zurück in den Käfig zu gehen. Außerdem können Sie Käfige mit kleinen Türen schlechter versorgen und einrichten.

KÄFIGE MIT PLUSPUNKTEN

Viele Käfigmodelle werden mit herausklappbaren Anflugklappen oder aufklappbaren Oberteilen geliefert. Bei Platzmangel dienen diese Klappen als Freisitz, vorausgesetzt, man stattet sie mit Spielzeug aus.
Viele Käfige werden mit einem Bodengitter geliefert. Dies soll verhindern, dass die Vögel durch ihren Kot laufen, wenn sie im Käfig auf dem Boden spielen. Da Sittiche gern auf dem Boden nach Futter suchen, sollten Sie dieses Gitter unbedingt im Käfig lassen und täglich mit einem feuchten Tuch abwischen. So vermeiden Sie bakterielle Infektionen.

Geräumige Volieren

Möchten Sie Ihren gefiederten Gesellen etwas mehr Platz gönnen oder möchten Sie gar einen kleinen Wellensittichschwarm halten, reicht selbst ein großer Käfig nicht mehr aus, denn die Vögel brauchen entsprechend

Platz. In diesen Fällen empfiehlt sich der Kauf einer Zimmervoliere. Inzwischen gibt es zahlreiche Anbieter, die fertige Volieren in allen Größen und Formen sowie Einzel-Volierenelemente vertreiben. Mit diesen Elementen lassen sich beliebig lange Volieren gestalten, die individuell an die jeweilige Wohnsituation angepasst werden können.

- Für kleinere Wohnungen eignen sich fünfeckige Eckvolieren (➡ Bild, Seite 14). Sie lassen sich platzsparend im Zimmer integrieren und bieten den Vögeln genug Raum, vorausgesetzt, sie haben täglich Freiflug.
- Luxuriös sind große Volieren, die man sogar über eine Zimmerecke anlegen kann. Hier können die Sittiche kurze Strecken fliegen und müssen manövrieren, wenn es um die Kurve geht.
- Ab einer Größe von 200 × 100 × 200 cm (L × B × H) dürfen Sie bei Zeitmangel auch einmal den täglichen Freiflug Ihrer Pfleglinge ausfallen lassen.

Diese Voliere ist so groß, dass sie sogar einem kleinen Wellensittichschwarm ein Zuhause bietet.

- In einer 200 × 100 × 200 cm großen Voliere fühlen sich vier Wellensittiche wohl. Mit jedem zusätzlichen Quadratmeter Grundfläche dürfen Sie ein weiteres Pärchen einsetzen. Haben die Vögel täglich Freiflug, dürfen Sie ein weiteres Pärchen dazugesellen.

GUT EINGERICHTET: DIE BASICS

Beim Kauf einer Voliere sollten Sie darauf achten, dass der Volierendraht unverzinkt ist, denn Wellensittiche klettern häufig am Gitter und knabbern daran. Bei verzinktem Draht besteht dann die Gefahr einer Schwermetallvergiftung. Eine Aluminiumverdrahtung ist zwar in der Anschaffung etwas kostspieliger, sichert aber langfristig die Gesundheit Ihrer Sittiche. Die Maschenweite sollte 11 mm nicht überschreiten, da sonst sehr zierliche Vögel ihr Köpfchen durch das Gitter schieben und hängenbleiben können.

Wählen Sie Zimmervolieren auf **Rollen**. Diese können Sie zum Reinigen bequem verschieben. Steht die Voliere direkt an einer Wand, sollten Sie diese vor dem Einsetzen der Vögel mit einem umweltfreundlichen, **wasserabweisenden Lack** streichen, damit Sie die Wand leicht säubern können.

Viel Raum trotz wenig Platz: Fantasievoll eingerichtete Eckvolieren sind die perfekte Lösung für kleine Wohnungen.

Boden und Einstreu: Den Boden einer Zimmervoliere legt man am besten mit Buchenholzspänen (Fachhandel) aus. Sieben Sie die Späne unter den Sitzstangen täglich aus, da die Vögel die Einstreu nach Futter durchsuchen und immer wieder mit Kot in Kontakt kommen. Einmal wöchentlich sollten Sie die Einstreu wechseln, da sie durch Urin und Luftfeuchtigkeit feucht wird und sich Schimmelpilze bilden können. Eine Alternative sind unbedruckte weiße Papiertischdecken, die man abends schnell wechselt. Damit die Sittiche trotzdem ihrem Bedürfnis nachgehen können, auf dem Boden nach Futter zu suchen, stellen Sie mit Sand gefüllte Schalen auf. Platzieren Sie die Schalen aber nicht unter den Sitzästen, damit kein Kot hineinfällt.

Futtertabletts: Das Futter wird in Zimmervolieren in Futtertabletts angeboten. Diese Tabletts sind drehbar und ermöglichen ein schnelles Wechseln der Näpfe, weil man sie

In um die Ecke gebauten Volieren können Sittiche sogar wendige Flugmanöver absolvieren.

einfach herausdrehen kann, ohne die Volierentür öffnen zu müssen. Die Näpfe sind meist aus Metall und lassen sich gut reinigen. **Privatsphäre:** Damit die Sittiche abends Ruhe haben, sollten Sie eine Trennwand zwischen Voliere und Wohnbereich einziehen. Gut geeignet sind an einer Leiste befestigte Vorhänge, die man abends vor die Voliere zieht. Tagsüber muss der Vorhang fest zur Seite gezurrt werden, damit ihn die Wellensittiche nicht als Spielplatz benutzen.

Der richtige Standort

Auch der Standort von Käfig und Voliere entscheidet, ob sich die Tiere in ihrem Zuhause wohlfühlen oder nicht. Achten Sie darauf, dass die Vögel nicht der direkten Sonneneinstrahlung ausgesetzt sind. Die Wellensittiche müssen auch im Sommer die Möglichkeit haben, Schatten aufzusuchen. Steht die Voliere an einem sehr unruhigen Platz, zum Beispiel neben einer Tür, stellen Sie für Wellensittiche ungiftige Zimmerpflanzen vor die Voliere (→ Seite 78). So entsteht nicht nur eine optische Barriere, sondern auch ein wohnliches Ambiente, in dem sich Halter und Sittiche wohlfühlen. Wenn eine Wand als Teil der Volierenabgrenzung dient, sollten Sie Haken für Spielzeug und Sitzäste so anbringen, dass nagefreudige Weibchen keinen Ansatzpunkt für den Schnabel finden und die Wand beschädigen. Eine dünne, an die Wand montierte Metall- oder Plexiglasplatte verhindert dies.

ZUM NAGEN UND SITZEN – ÄSTE & CO.

Apfelbaum
Malus domestica

WUCHS: Ein breit ausladender, bis zu 10 m hoher, sommergrüner Baum mit graubrauner und schuppiger Borke. **BLÄTTER:** Grün bis gelblich grün, Unterseite mitunter fein behaart, bis zu 12 cm lang und 7,5 cm breit, elliptisch bis eiförmig, Blattrand gesägt. **BESONDERHEITEN:** Gärtnerische Kulturpflanze mit essbaren und sehr schmackhaften Früchten. Die großen, in dichten Dolden stehenden, weißen bis rosafarbe-

nen Blüten sind für Sittiche genießbar. Auch die zeitig im Frühjahr erscheinenden Blüten- und Blattknospen nutzen die Wellensittiche sehr gern zum Nagen.

Sand-Birke, Hänge-Birke
Betula pendula

WUCHS: Schmal überhängender, bis zu 30 m hoher, sommergrüner Baum mit weißer, abblätternder Rinde, die im Alter braun und rissig wird. **BLÄTTER:** Dunkelgrün, rautenförmig bis dreieckig, 6 cm lang, 4 cm breit, langstielig, Oberseite glänzend, Rand grob doppelt gesägt. **BESONDERHEITEN:** Die Kätzchen sind für Sittiche ein Leckerbissen. Die Blätter werden von ihnen meist am Stilansatz benagt. Die weichen Äste sind prima zum Nagen und als Sitzgelegenheit.

Bruch-Weide
Salix fragilis

WUCHS: Bis zu 15 m hoher, breit ausladender bis überhängender, sommergrüner Baum oder Strauch mit grauer, warziger oder rissiger Borke. **BLÄTTER:** Blätter bis zu 18 cm lang, länglich und zugespitzt, Rand fein gesägt, Blattstiel 1–2 cm lang, junge Blätter fein behaart. **BESONDERHEITEN:** Sowohl die am Winterende erscheinenden gelben Kätzchen als auch die Blätter und das aromatische Holz mögen die Sittiche sehr gern. Die im zeitigen Frühjahr gebildeten Knospen sind eine Lieblingsspeise.

Haselnuss
Corylus avellana

WUCHS: Bis zu 5 m hoher, sommergrüner Strauch. Die graue Borke ist in der Regel glatt, manchmal korkig. **BLÄTTER:** Anfangs hellgrün, später dunkelgrün, breit eiförmig, bis zu 15 cm lang und 10 cm breit, unterseits auf den Adern behaart, Rand grob doppelt gesägt. **BESONDERHEITEN:** Die Nüsse sind für die Sittichernährung ohne Bedeutung. Die sehr biegsamen Äste und das weiche Holz sind jedoch perfekte Sitzäste und Knabberstangen. Die Vögel baden gern im nassen Hasellaub.

Korkenzieher-Weide
Salix matsudana 'Tortuosa'

WUCHS: Bis zu 12 m hoher, breit überhängender, sommergrüner Baum oder Strauch mit eigenwillig verdrehten Ästen. Die graubraune Borke ist rissig. **BLÄTTER:** Schmale, hellgrüne Blätter, bis zu 10 cm lang und 2 cm breit. **BESONDERHEITEN:** Zweige dieser Weide werden bei uns oft in Blumenläden als Dekoration angeboten. Sie treiben im Wasserglas leicht Wurzeln und können dann im Garten eingepflanzt werden. So hat man immer frische Zweige. Die Sittiche nutzen das weiche, duftende Holz mit den feinen Blättchen sehr gern zum Sitzen, Klettern und Nagen. Die nektarreichen Kätzchen sind für die Vögel ein wahrer Leckerbissen.

Süß-Kirsche
Prunus avium

WUCHS: Breit säulenförmiger, bis zu 25 m hoher, sommergrüner Baum mit glänzend rotbrauner Borke, die sich ringförmig vom Stamm ablösen lässt. **BLÄTTER:** Anfangs rötlich bronzefarben, später mattgrün, kahl, länglich bis elliptisch, bis zu 15 cm lang und 6 cm breit, Blattrand gesägt, langstielig. **BESONDERHEITEN:** Die runden Früchte sind reif essbar, der giftstoffhaltige Stein kann von den Sittichen nicht geknackt werden. Die weißen Blüten sind wie die zeitig im Frühjahr austreibenden Knospen sehr gut zum Benagen geeignet. Die Äste aus sehr festem Holz sind exzellente Sitzgelegenheiten.

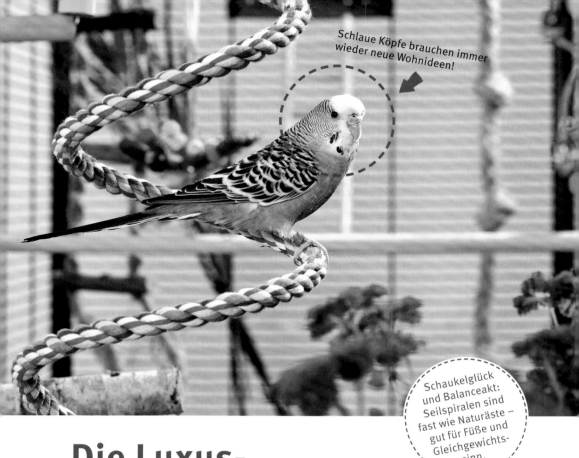

Schlaue Köpfe brauchen immer wieder neue Wohnideen!

Schaukelglück und Balanceakt: Seilspiralen sind fast wie Naturäste – gut für Füße und Gleichgewichtssinn.

Die Luxus-Innenausstattung

Voliere oder Käfig sind in der Heimvogelhaltung der Privatbereich unserer gefiederten Familienmitglieder. Hier sollen sie sich sicher und geborgen fühlen. Außerdem muss das »Vogelzimmer« so ausgestattet sein, dass es zu einem tiergerechten Lebensraum wird, der die Sinne der Wellensittiche anregt und der ihr Bedürfnis befriedigt, nach Herzenslust spielen und sich ausreichend bewegen zu können. Je vielfältiger der Käfig- bzw. Voliereninnenraum eingerichtet ist, umso eher ist dies möglich.

Den taktilen Sinn –also das Tasten und Erfühlen von Oberflächen –, befriedigen Wellensittiche vor allem durch den Gebrauch der zarten Fußsohlen und des Schnabels. In ihrem natürlichen Lebensraum erfahren die Sittiche diese Sinneseindrücke, wenn sie auf Ästen, Zweigen, Gräsern, Steinen sowie Böden von verschiedener Beschaffenheit landen und diese mit ihrem Schnabel untersuchen. Um den Vögeln auch in der Heimvogelhaltung ausreichend Sinnesreize zu bieten, sollten Sie ihnen Sitzgelegenheiten aus verschiedenen Materialien zur Verfügung stellen. Dabei sollten Sie auch beachten, dass die Vögel die Krallen, die ein Leben lang nachwachsen, ausreichend abnutzen können. Neben weichen Sitzgelegenheiten sollten Sie daher auch immer Stangen mit harter und rauer Oberfläche anbieten.

- Gut geeignet sind Natursitzäste mit verschiedenen Durchmessern (→ Seite 16–17). Neben sehr dicken Zweigen, auf denen der Fuß des Sittichs ganz aufliegt, sollten Sie sehr dünne Zweige anbieten, die sich unter dem Gewicht des Vogel biegen, wenn er sie anfliegt. Das trainiert den Gleichgewichtssinn und bringt Spaß beim Schaukeln.
- Sandsitzstangen sind ebenfalls sehr hart und nutzen die Krallen der Sittiche gut ab. Als permanente Sitzstangen sind sie allerdings ungeeignet, da sie die empfindlichen Sohlen bei längerem Ruhen aufschürfen können. Bringen Sie diese Stangen so an, dass die Sittiche sie zwar benutzen, sich aber nicht dauerhaft darauf aufhalten.
- Weichere Sitzgelegenheiten, wie Seile aus Sisal und Baumwolle, sind eine Bereicherung für die Volieren- und Käfiggestaltung. Sie lassen sich wunderbar biegen und bieten zahlreiche Variationsmöglichkeiten.
- Beachten Sie beim Montieren der Sitzgelegenheiten, dass diese nicht direkt übereinander angebracht werden. Wenn die Sittiche ihren Kot fallen lassen, verschmutzen sie die Sitzstange direkt unter ihnen.

Spielzeug am richtigen Platz

Das Spielzeug für Wellensittiche wird entweder direkt am Käfig- bzw. Volierengitter montiert oder hängend angeboten. Da Wellensittiche meist kleines und leichtes Spielzeug benutzen, das oft nur eine kurze Aufhängung hat, befestigt man es am Käfigdach. Dies führt jedoch dazu, dass nur der obere Teil der Voliere bzw. des Käfigs von den Vögeln benutzt wird, das untere Drittel aber oft so uninteressant ist, dass sich die Tiere dort nicht aufhalten. Mit längeren Plastikketten aus großen Gliedern können Sie dieses Problem einfach lösen: Das Spielzeug wird so in verschiedenen Höhen auf allen Ebenen des Käfigs angebracht, dass sich die Wellensittiche bequem mit ihm beschäftigen können. Generell montiert man Spielzeug immer so, dass es neben dem Sittich und nicht unterhalb der Sitzstange hängt. Dabei macht es nichts, wenn der kleine Kerl einmal um ein Spielzeug herumklettern oder fliegen muss. Das sorgt für Bewegung und weckt das Interesse am Spielobjekt.

Schaukeln, Spiralen und Triangeln schätzen die kleinen Australier meist dann besonders, wenn sie sehr hoch oben hängen. Montieren Sie diese Spiel- und Sitzgelegenheiten deshalb im oberen Teil der Voliere.

> ## Tipp
>
> Große Volieren bieten Abwechslung. Besonders reizvoll sind kleine Ansammlungen größerer Steine auf dem Käfigboden, auf denen die Sittiche herumklettern und in deren Ritzen sie nach Futter suchen können. Dabei nutzen sie die Krallen optimal ab. Steine ab und zu mit einem groben Schwamm reinigen!

Kletterspaß
für Bewegungsmuffel

Wellensittiche legen im Freiland bei der Suche nach Futter weite Strecken zurück. Dieses Leben ist nicht nur sehr riskant, sondern kostet auch viel Energie. Wann immer die kleinen Sittiche etwas zu fressen finden, müssen sie deshalb so viel aufnehmen wie nur möglich. Überschüssige Nahrung wird im sogenannten Depotfett gelagert. Obwohl Wellensittiche nun schon seit mehr als 200 Jahren domestiziert sind, haben sie diese Veranlagung zur Einlagerung von Fettreserven nicht verloren. Doch während Freilandsittiche ihr Fettdepot rasch aufbrauchen, ist in der Heimvogelhaltung Übergewicht eines der häufigsten Probleme. Messungen haben gezeigt, dass unsere Wellensittiche 94 Prozent des Tages sitzend auf einem Ast verbringen, statt durch die Luft zu toben –

das bequeme Leben macht aus ihnen kleine Faulpelze, die schließlich krank werden. Damit Ihre Pfleglinge auf Dauer gesund bleiben, sollten Sie deshalb die Inneneinrichtung von Käfig oder Voliere so gestalten, dass sie die Vögel möglichst oft zum Laufen, Hüpfen, Klettern und Fliegen anregt. Mit den folgenden Tricks bringen Sie auch Bewegungsmuffel auf Trab:

- Montieren Sie im Käfig oder in der Voliere viele blind endende Äste und Stangen. So können die Sittiche nicht mehr einfach von einer Volierenseite zur anderen laufen, sondern müssen klettern, hüpfen oder sogar fliegen. Und Fliegen verbraucht elf- bis zwanzigmal so viel Energie wie das Sitzen auf einem Ast.
- Bringen Sie Äste und Sitzstangen immer schräg und schief an. Es ist für die Vögel viel anstrengender, auf einem schrägen Ast hinaufzulaufen, als auf einem geraden Ast hin- und herzugehen.
- Verändern Sie die Anordnung der Sitzstangen von Zeit zu Zeit. Achten Sie darauf, dass Sie die Äste nicht immer in der gleichen Höhe und im gleichen Winkel anbieten. Je häufiger Sie die Einrichtung des kleinen Wellensittichzimmers verändern, desto fitter bleiben Ihre Sittiche.
- Wechseln Sie regelmäßig die Position der Futterstellen. Bieten Sie Futterschalen auch einmal ganz oben oder ganz unten in der Voliere an. So ermuntern Sie die Sittiche, sich auf die Suche nach Futter zu machen. Das Wasser sollten Sie immer weit entfernt vom Futter anbieten.

Abwechslung trainiert: Platziert man Äste und Klettergeräte immer wieder neu in der Voliere, bleiben Kopf und Körper fit.

Bau-anleitung

Zum Sitzen, Klettern und Schaukeln: Der Atom-Ball

Schaukeln und Toben ist für quirlige Wellensittiche der größte Spaß. Auf dem Atom-Ball, einem kombinierten Schaukel-Klettersitz, können die kleinen Australier ihren Bewegungsdrang ungehemmt ausleben. Dieser Minifreisitz ist auch für ungeübte Bastler ganz leicht nachzubauen und macht allen Sittichen viel Freude.

FÜR DEN ATOM-BALL BENÖTIGEN SIE:

2 Polyethylen-Schläuche (Gartencenter), Länge nach gewünschter Ballgröße, Durchmesser außen 31 mm, innen 20 mm; 3 Kreuz-Verbindungsstücke, 4 T-Verbindungsstücke; 4 Rollen Sisalseil zum Umwickeln; Schere; 1 Kunststoffkette (Länge nach Bedarf); 1 Edelstahl-Karabinerhaken

Legen Sie pro Ballhälfte einen Polyethylen-Schlauch zu einem Kreis in der gewünschten Ballgröße und schneiden Sie ihn in vier gleich große Stücke. Schneiden Sie vier Schlauchstücke für den Innenteil etwas länger zu, als es dem Ballradius entspricht, damit Sie sie später genau einpassen können, wenn Sie die Ober- und Unterteile zusammenfügen. Zu groß sollte der Atom-Ball nicht sein, damit er beim Anfliegen noch etwas hin und her schaukelt. Verbinden Sie je vier lange Schlauchstücke mit einem Kreuz-Verbindungsstück (→ Bild 1). Dann setzen Sie die beiden Hälften mithilfe von vier T-Verbindungsstücken zum Atom-Ball zusammen. Verbinden Sie die vier kurzen Schlauchteile mit einem Kreuz-Verbindungsstück und setzen Sie das Innenteil in den Atom-Ball ein (→ Bild 2). Wickeln Sie das Sisalseil so dicht wie möglich um die Schläuche (→ Bild 3). Es darf kein Plastik zu sehen sein, damit die Sittiche nicht daran nagen. Schneiden Sie ein Glied der Kunststoffkette auf, fädeln Sie die Kette durch den Ball und hängen Sie das offene Glied ein (→ Bild S. 24). Befestigen Sie den Karabinerhaken an der Kette und hängen Sie den Ball auf.

Tipp: Besonders reizvoll wird der Ball, wenn Sie in den Sisal bunte Perlen und Holzstücke einflechten.

Bau-anleitung Zum Schreddern: Ring aus Papptellern

Sicheres und interessantes Spielzeug für die kleinen Sittiche lässt sich aus ganz alltäglichen Dingen einfach herstellen. Dieser Ring aus Papptellern ist ein herrlicher und schnell zu bastelnder Zeitvertreib für die Australier. Von solchem Schredderspielzeug profitieren besonders die Weibchen, denn sie haben ein größeres Nagebedürfnis als ihre männlichen Artgenossen.

FÜR DEN RING AUS PAPPTELLERN BENÖTIGEN SIE:
mindestens 20 Pappteller; 30–40 cm dünnen Edelstahldraht oder feste Schnur; 1 Plastikkette mit großen Gliedern (Länge nach Bedarf); 1 Edelstahl-Karabinerhaken; Schere; nach Belieben: bunte Perlen, dünne Holzstückchen, unbehandelte Lederstücke, Weidenbällchen

Schneiden Sie die Pappteller nach Belieben in Viertel oder in Achtel. Bohren Sie ein Loch in die Mitte jedes Viertels oder Achtels und fädeln Sie die Teile auf den Edelstahldraht oder die Schnur (→ Bild 1). Verwenden Sie so viele Pappteile, dass sie am Schluss möglichst dicht aneinander liegen. So können die Sittiche die Pappe besser zernagen, weil ihr Schnabel viele Ansatzstellen findet. Wenn Sie den Ring noch ein wenig interessanter gestalten wollen, fädeln Sie zwischen den Pappteilchen Holzperlen, Weidenbällchen, dünne Holzstückchen oder unbehandelte Lederstückchen auf. Wenn die Holzperlen noch kein Loch haben, müssen Sie mit einem kleinen Bohrer ein kleines Loch vorbohren, da die Perlen sonst beim eigentlichen Bohrvorgang zerbrechen.
Biegen Sie den Draht mit den Pappstücken zu einem Ring und fädeln Sie die beiden Drahtenden durch das letzte Glied der Plastikkette. Biegen Sie die Drahtenden um und wickeln Sie jedes Ende so um den Draht, dass kein scharfes Endstück übersteht, an dem sich die Sittiche verletzen könnten (→ Bild 2). Die Länge der Kette richtet sich nach der Größe des Käfigs bzw. der Voliere. Hängen Sie den Edelstahl-Karabinerhaken in die Kette ein und befestigen Sie den Ring an der Käfigdecke (→ Bild 3).

Allround-Spielzeug: Der Whiffle-Ball

Der Whiffle-Ball ist der Allrounder unter den Sittichspielzeugen. Er ist sehr leicht, hell und mit zahlreichen kleinen Löchern versehen. Whiffle-Bälle eignen sich nicht nur als Tischspielzeug, man kann sie auch herrlich zu anderen, aufwendigeren Spielzeugen verarbeiten. Der Fantasie sind hier keine Grenzen gesetzt.

FÜR DEN WHIFFLE-BALL BENÖTIGEN SIE:
1 oder mehrere Whiffle-Bälle aus dem Zoofachhandel; 1 längere unbehandelte Lederschnur oder feste Paketschnur, wahlweise Sisalschnur oder Bast; Klebeband; bunte Holzperlen verschiedener Größe und Form; 1 Edelstahl-Karabinerhaken als Aufhängung

Biegen Sie die Leder- oder Paketschnur zu einer Schlaufe und kleben Sie die Schlaufe mit etwas Klebeband zusammen. Fädeln Sie das stumpfe Ende der Schlaufe quer durch den Whiffle-Ball auf die gegenüberliegende Seite. Die losen Enden verknoten Sie unter dem Whiffle-Ball. Entfernen Sie das Klebeband von der Schlaufe und machen Sie einen Knoten (➥ Bild 1). In diese wird später der Edelstahl-Karabinerhaken für die Aufhängung des Whiffle-Balls eingehängt.
Ziehen Sie nun Sisal- oder Bastschnurstücke durch die Löcher des Whiffle-Balls und fä-

deln Sie verschiedene Perlen an den nach außen stehenden Enden auf (➥ Bild 2). Je nach Lust und Laune können Sie nur eine Perle oder aber auch ganze Perlenketten auffädeln. Jede Perlenreihe wird am Ende sauber verknotet abgeschlossen (➥ Bild 3). Achten Sie darauf, dass die gegenüberliegenden Ketten ungefähr gleich lang und schwer sind, damit der Whiffle-Ball gleichmäßig hängt und nicht zu sehr schwankt.
Tipp: Mehrere Whiffle-Bälle untereinander gehängt dienen gleichzeitig als Spiel- und auch als Klettermöglichkeit.

Perfekt eingerichtet

Die Voliere ist das Spielzimmer der Wellensittiche, und sie sollen sich in ihrem Heim so wohl wie möglich fühlen. Sparen Sie deshalb nicht an der Einrichtung. Sie soll für optische und akustische Sinneseindrücke ebenso sorgen wie für das körperliche Wohlbefinden der Australier. Dank zahlreicher verschiedener Sitzgelegenheiten wird der Raum optimal genutzt. Hier mangelt es den Vögeln an nichts und der Alltag bleibt interessant.

Oben: Der Atom-Ball ist Landeplatz und Schaukel zugleich. Hier lässt es sich gut mit Freunden sitzen und die Wellensittiche können in Ruhe die Umgebung beobachten. Das Sisalseil sorgt dafür, dass die empfindlichen Sohlen der Vögel leicht massiert werden.

Oben: Reisig- und Strohbündel lassen sich prima zerrupfen und zerreißen. Sie sind ein Ersatz für die Grasbüschel, auf denen Wellensittiche im Freiland sitzen.

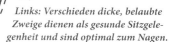

Links: Verschieden dicke, belaubte Zweige dienen als gesunde Sitzgelegenheit und sind optimal zum Nagen.

Rechts: Solche Spiralen sind für Wellensittiche eine perfekte Sitzgelegenheit. Weil sie schwingen, trainieren die Australier auf ihnen automatisch ihren Gleichgewichtssinn. Auch kleine Bewegungsmuffel müssen sich so ein wenig anstrengen, wenn sie die Spirale hinauf- und hinablaufen.

Oben: Java-Sitzäste sind im Winter eine gute Alternative zu Naturzweigen: Sie lassen sich leicht säubern, können nicht durch Nagen zerstört werden, und ihre unregelmäßige Dicke sorgt für Fußgymnastik. Ein Spielzeughit ist der Whiffle-Ball.

Links: Wellensittiche lieben Leitern mit Stücken von Naturästen. Hier können sie nach Herzenslust klettern und mit Schwarmmitgliedern toben. Gut für die Füße sind die Äste sowieso.

Oben: Kletternetze aus Sisal sind für Sittiche eine Herausforderung. Wo soll man sich nur endgültig hinsetzen?

Oben: Biegbare Sitzelemente wie Sitzseile und Holzkombinationen sind eine echte Bereicherung, denn sie nutzen auch den letzten Winkel in der Voliere.

TOBEN UND FLIEGEN IST FÜR MUNTERE
WELLENSITTICHE LEBENSFREUDE PUR!

Beschäftigung für Wellensittiche

Unsere kleinen Australier brauchen einen abwechslungsreichen Lebensraum. Geeignetes Spielzeug und kleine Aufgaben über den Tag verteilt sorgen dafür, dass sich die Sittiche immer wieder an einer neuen Herausforderung messen können.

Der Schnabel der Australier arbeitet wie eine Pinzette.

Wellensittiche suchen ihr Futter gern am Boden und finden auch winzigste Körnchen im Sand.

Abenteuer Futtersuche

Die Vorfahren unserer heutigen Hauswellensittiche mussten in einer sehr trockenen und kargen Umwelt überleben. Auch die wilden Artgenossen unserer Sittiche leben nach wie vor unter Wüstenbedingungen. Trockenzeiten von mehreren Jahren sind in diesen Regionen keine Seltenheit. Andererseits müssen die Sittiche in den Regenzeiten schweren Stürmen trotzen. Dieser extreme Lebensraum machte Wellensittiche zu zähen Überlebenskünstlern – nur so haben sie in der Natur die Chance, sich fortzupflanzen

und damit das Überleben ihrer Art zu sichern. Trotzdem werden sie in freier Wildbahn nur drei bis vier Jahre alt, während als Heimvögel gehaltene Sittiche bei guter Pflege bis zu 15 Jahre leben können. Im Freiland können Wellensittiche niedergehenden Regen auf eine Entfernung von 80 km sehen. Diese Strecke müssen sie fliegend überwinden können, denn dort wird dank des Regens bald etwas zum Fressen zu finden sein. Da die Temperaturen im australischen Outback tagsüber auf bis zu 40 °C

Tipp

Da Wellensittichmännchen die Weibchen zusätzlich füttern, werden die **Damen schneller pummelig.** Animieren Sie daher besonders die Weibchen zur Futtersuche. Wird ein Weibchen zu dick, setzen Sie es ein paar Tage in einen **Extrakäfig** in die Voliere. So hat es Kontakt zur Gruppe, muss aber eine Weile **Diät** essen.

klettern können, suchen die kleinen Australier vorzugsweise am frühen Morgen und späten Nachmittag nach Nahrung. In der Mittagszeit dösen die Sittiche im Blätterdach von Eukalyptusbäumen, zwischen deren Blättern die kleinen Vögel gut getarnt sind.

Sittiche lieben eine Siesta

Diesen Tagesrhythmus haben auch unsere Heimvögel beibehalten, und sicherlich ist Ihnen schon aufgefallen, dass Ihre Wellensittiche in der Mittagszeit eine ausgiebige Pause machen und sich ausruhen. Am Vormittag und späten Nachmittag allerdings machen sich die temperamentvollen Gesellen auf die Suche nach Nahrung.
Bietet man seinen Vögeln das Futter ausschließlich im Napf an, ist diese Suche relativ schnell beendet. Dies ist für die kleinen Sittiche nicht nur unbefriedigend, weil sie die positiven, mit der Suche verbundenen

Gefühle nicht erfahren, sondern auf Dauer auch ungesund, weil das Futter leicht erreichbar ist und sie zu viel fressen. Und weil Wellensittiche Depotfett einlagern, werden sie sehr schnell übergewichtig und können schwer erkranken. Eine gute Figur ist für Wellensittiche deshalb nicht nur schön, sondern auch der Garant für ihre Gesundheit.

Futtersuche gegen Langeweile

Sittiche sind neugierig und interessiert an ihrer Umgebung. Ständig halten sie Ausschau nach neuen Spielmöglichkeiten und durchstreifen ihre Umwelt auf der Suche nach Futter. Diese Suche bezeichnen Wissenschaftler als »Seeking«, sie ist für die Tiere höchst befriedigend. Fehlt das Seeking, kommt es bei den Vögeln zu Langeweile, Antriebslosigkeit und zur Fixierung auf Gegenstände oder Aktivitäten, die den

Wie komme ich da dran? Mit Leckereien gefülltes Spielzeug befriedigt das Bedürfnis der Wellensittiche, für Futter zu arbeiten.

Sittichen lediglich eine Ersatzbefriedigung bieten. Häufig werden sie nach einiger Zeit verhaltensauffällig.

Erst die Arbeit, dann das Futter: Foraging

Im Freiland müssen Wellensittiche für ihr Futter nicht nur sehr weit fliegen, sondern es sich bisweilen auch kletternd und scharrend erarbeiten. Dabei leisten die kleinen Vögel Schwerstarbeit, denn sie müssen sich an Halmen festhalten oder das Erdreich nach Samen von Gräsern durchkämmen. Dieses Erarbeiten von Futter nennt man »Foraging«. Studien haben gezeigt, dass Tiere in Menschenobhut es vorziehen, für ihr Futter zu arbeiten, anstatt es im Napf angeboten zu bekommen. Lässt man ihnen die Wahl zwischen Futter in einer Schüssel und Futter, für das sie ein Problem lösen oder Arbeit in Form von Nagen, Scharren oder Ähnlichem leisten müssen, entscheiden sie sich für die arbeitsaufwendigere Variante. Die Aussicht, für anstrengende Arbeit mit besonders

Tipp

Wiegen Sie drei Wochen lang die angebotene **Futtermenge** morgens und abends und notieren Sie die **Differenz.** So erhalten Sie den Mittelwert der Menge, die Ihre Sittiche täglich fressen. Bieten Sie ein Drittel dieser Futtermenge in **Foraging-Spielzeug** an, sobald die Sittiche gelernt haben, wie man es benutzt.

leckerem Futter belohnt zu werden, macht den kleinen Sittichen Spaß und beschäftigt sie in ihren Aktivitätsphasen.

Foraging wurde den Sittichen allerdings nicht ins Nest gelegt. Vielmehr müssen sie mithilfe eines Lernprozesses langsam an dieses Verhalten herangeführt werden. Im Freiland beobachten Jungvögel, wie ihre Artgenossen im Gras nach Futter suchen, und lernen so von ihnen, wo es was zu fressen gibt.

In der Heimvogelhaltung müssen wir natürlich andere Wege gehen. Um das Seeking- und Foraging-Bedürfnis unserer Wellensittiche zu befriedigen, stehen uns jedoch zahlreiche andere Möglichkeiten in Form von sogenanntem Foraging- oder Treat-Spielzeug zur Verfügung.

Aller Anfang ist leicht

Wichtig ist, dass Sie die Vögel zu Beginn des Übens mit Foraging-Spielzeug nicht überfordern. Achten Sie darauf, dass Sie aus dem reichen Angebot an geeignetem Spielzeug solche Modelle auswählen, die die Vögel zunächst mit leichten Problemen konfrontieren. So haben diese so schnell wie möglich ein Erfolgserlebnis und finden Spaß an dieser Art der Futtersuche.

Einfaches Foraging-Spielzeug zeichnet sich dadurch aus, dass die Vögel das zu erarbeitende Futter sehen und in Teilen auch erreichen können (➔ Seite 32). Ganz zu Anfang des Trainings befüllen Sie solches Spielzeug außerdem vor den Augen der Sittiche. Zu Beginn ist es auch hilfreich, wenn die Wellensittiche bei der Lösung der Aufgabe bequem auf einer Stange sitzen. Im Lauf der Zeit dürfen Sie diese bequeme Sitzgelegenheit entfernen und durch eine schwierigere

Oben links: Ein Teller mit Vogelsand und Saaten ist die einfachste Form eines Foraging-Spielzeugs und entspricht der natürlichen Futteraufnahme der Sittiche.

Oben rechts: Auch das ist einfach – Foraging-Spielzeug mit Schiebevorrichtung durchschauen Sittiche schnell.

Links: Nur ein Routinier schafft es, den Deckel dieses hin und her schwingenden Spielzeugs zu öffnen.

Kletteranordnung ersetzen, denn die Australier sollen sich schließlich bewegen, um an ihr Futter zu kommen. Foraging-Spielzeug zum Aufhängen bietet man so an, dass die Sittiche darum herumlaufen müssen. So setzen sie sich mit dem Spielzeug im normalen Tagesablauf auseinander.

Foraging-Spielzeug sollte abwechslungsreich sein, denn auch Wellensittiche haben unterschiedliche Vorlieben: Während der eine Sittich Hebelmechanismen schätzt, möchte der nächste vielleicht lieber nagen, um an sein Futter zu kommen. Beobachten Sie daher Ihren kleinen Schwarm und bieten Sie diejenigen Möglichkeiten zum Foraging an, die Ihre Vögel gern nutzen. Wenn sich die Wellensittiche an diese neue Variante der Fütterung gewöhnt haben, steigern Sie langsam den Schwierigkeitsgrad. Bieten Sie unterschiedliches Spielzeug an und wechseln Sie den Standort des Spielzeugs immer wieder. So vermeiden Sie, dass die pfiffigen Sittiche allzu schnell an das Futter kommen.

Wichtig: Kontrollieren Sie die angebotene Futtermenge, um ein Überangebot zu vermeiden. Hilfreich ist es, wenn Sie Leckerchen wie Hirse ausschließlich in Foraging-Spielzeug oder beim Training anbieten.

Bau-anleitung

Futterspielzeug aus Papptellern

Wenn Ihre Wellensittiche noch keine Erfahrung mit Foraging-Spielzeug haben, können Sie mit diesem Modell aus Papptellern beginnen. Es garantiert, dass Ihre Sittiche zwar eine Abwechslung und kleine Herausforderung bei der Futtersuche haben, doch weil das Spielzeug so einfach ist, werden sie auch rasch mit einem Erfolgserlebnis belohnt.

FÜR DAS TELLERSPIELZEUG BENÖTIGEN SIE:
2 handelsübliche, gleich große Pappteller (Party- oder Grillbedarf); 1 dünne Paketschnur (wahlweise Sisalseil oder Bast); Schere; Kochfutter (Fachhandel; Mix aus Gemüse, Getreide, Hülsenfrüchten und Hirse) oder für die Wellensittiche besonders attraktive Leckerchen

Legen Sie die Pappteller mit der Oberfläche nach innen aufeinander, sodass ein Hohlraum entsteht. Bohren Sie nun vier Löcher, die sich paarweise gegenüberliegen, in die Tellerränder. Schneiden Sie in die Mitte des oberen Tellers ein größeres Loch und Zacken an den Stellen zwischen den vorgebohrten Löchern (→ Bild 1). Nun binden Sie die Teller an den aufeinanderliegenden Löchern mit der Paketschnur zusammen. Lassen Sie keine langen Fäden überstehen und binden Sie die Knoten sehr eng, damit die Sittiche nicht mit den Krallen hängenbleiben. Befüllen Sie den Raum zwischen den Tellern mit lauwarmem Kochfutter (unbedingt die Temperatur prüfen!) oder anderen Leckereien (→ Bild 2). Durch die Löcher können die Sittiche das Futter sehen. Wenn Ihre Vögel etwas geübter in der Futtersuche sind, schneiden Sie die Löcher kleiner oder verzichten sogar ganz darauf.

Stellen Sie das Spielzeug auf den Volierenboden (→ Bild 3). Achten Sie darauf, dass es nicht direkt unter einem Sitzast steht, damit kein Kot daraufällt. Spielzeug mit Kochfutter müssen Sie nach vier Stunden wieder entfernen, da das Futter schnell verdirbt. Trockenes Futter wie Hirse kann man länger in diesem Spielzeug anbieten.

Bau-anleitung

Zum Naschen & Schaukeln: Muffin-Etagere

Muffinförmchen aus Papier sind eine wunderbare Grundlage für Foraging-Spielzeug. Da die Förmchen hitzebeständig sind, können Sie in ihnen nicht nur Körner-Leckereien, sondern auch selbstgebackene Cracker anbieten. Backmischungen finden Sie im Fachhandel (Vogelbrot). Die Förmchen sind mit ihren bunten Farben außerdem ein toller optischer Reiz für die Sittiche.

FÜR DIE MUFFIN-ETAGERE BENÖTIGEN SIE:
Mehrere verschiedenfarbige Muffinförmchen; 1 lange, feste Paketschnur oder langes Lederband (ersatzweise 1 Edelstahlfruchtspieß für Sittiche); farbige Holzperlen oder Weidenbällchen; 1 Edelstahl-Karabinerhaken; Leckereien (Hirsestückchen, Körnerbällchen etc.)

Wählen Sie zwei bis fünf Muffinförmchen aus – je nachdem, wie lang die Etagere werden soll. Bohren Sie in die Mitte des Bodens jeder Form ein kleines Loch. Wenn Sie selbst Vogelmuffins backen möchten, backen Sie diese in den Förmchen vor und bohren dann das Loch durch den Cracker und die Form. Fädeln Sie ein oder zwei Holzperlen auf die Schnur oder das Lederband und verknoten Sie das Ende. Fädeln Sie nun ein Muffinförmchen auf und verknoten Sie die Schnur erneut, damit das Förmchen nicht verrutscht (➡ Bild 1). Dann fädeln Sie einige Holzperlen auf. Nun

kommt wieder ein Muffinförmchen, dann folgen Holzperlen (➡ Bild 2). Wiederholen Sie dies so lange, bis die Etagere die gewünschte Länge hat. Alternativ kann man die Förmchen auch auf einem Edelstahlfruchtspieß aufreihen.
Füllen Sie Leckereien wie Hirse oder Körnerbällchen in die Förmchen. Darüber legen Sie Papierschnitzel (➡ Bild 3). Für erfahrene Sittiche legen Sie einen Papierdeckel auf die Förmchen. Verknoten Sie die Schnur zu einer Schlaufe, hängen Sie den Karabinerhaken ein und hängen Sie die Etagere im Käfig auf.

Spannende Futtersuche

Zum Leben zufriedener Wellensittiche gehört Foraging – das Suchen und Erarbeiten von Futter. Für Unerfahrene reichen einfache Schalen oder Muffinförmchen, die Tüftler unter den Sittichen lieben komplizierte Mechanismen, die sie überlisten müssen, und begabte Akrobaten erobern auch aus hin und her schwingendem Futterspielzeug das begehrte Leckerchen. Hauptsache, es gibt immer wieder eine neue Herausforderung!

Oben: Verschiedene Kreationen mit Röhren und Plättchen aus Moosgummi (Naturkautschuk) lassen sich schnell und ohne viel Aufwand herstellen. Wenn der kleine Sittich die Hirse nicht aus der Röhre ziehen mag, kann er sie auch zerrupfen. Spaß hat er in jedem Fall!

Oben: Bei diesem Spielzeug muss der Sittich zunächst eine Girlande aus Einzelelementen auf die Seite schieben, wenn er seinen Leckerbissen bekommen möchte.

Links: Es wackelt und hat einen Deckel! Ist der Australier geschickt genug, um die Hirse zu ergattern?

Rechts: Foraging-Spielzeug für Eilige! Eiswürfelbereiter mit Leckerchen füllen, mit Küchenpapier umwickeln und mit Schnur zubinden. Die Sittiche müssen zunächst das Papier zerreißen, um an das Körnerfutter in den einzelnen Abteilen zu gelangen, und sind eine ganze Weile beschäftigt.

Oben: Das sieht nicht nur bunt aus, es schmeckt auch noch lecker! Muffinförmchen, ob mit einem selbst gebackenen Vogelmuffin oder mit Körnern und Papierschnipseln gefüllt, sind eine sehr dekorative Variante, Futter anzubieten.

Links: Dieses Spielzeug mit verschieden großen Öffnungen eignet sich für Sittiche, die gern Probleme lösen. Dafür gibts dann auch besonders attraktive Leckerchen!

Oben: Gesunde Nascherei auf einem Holzspieß. Die Krönung: Zum Schluss wird auch der Spieß zernagt.

Oben: In die Kammern des umgedrehten Kinder-Faltspiels »Himmel und Hölle« legt man Körner oder Hirsestückchen. Wenn es nur nicht so wackeln würde!

35

Test WELCHER SPIELTYP IST IHR WELLENSITTICH?

Wellensittiche haben sehr unterschiedliche Charaktere und Vorlieben. Die Skala reicht vom mutigen Draufgänger bis zum vorsichtigen Zauderer. Testen Sie, welcher Spieltyp Ihr Sittich ist. Notieren Sie die Buchstaben der Aussagen, die auf Ihren Vogel zutreffen.

1 Sie haben **neue Äste** mit Blättern im Käfig montiert. Ihr Sittich klettert sofort darüber und **erkundet die Neuerung.**   B

2 Sie haben **neues Spielzeug** aufgehängt. Ihr Wellensittich **sitzt ängstlich** und hoch aufgereckt im Käfig. Seine Körperhaltung zeigt, dass er fliehen möchte.   A

3 Ihr Wellensittich **untersucht** und benagt **neue Gegenstände** sofort.   C

4 Buntes, **glitzerndes Spielzeug** weckt unverzüglich die Aufmerksamkeit Ihres Wellensittichs, und er **spielt intensiv** mit diesem Spielzeug.   B

Ohne Fleiß kein Preis: Kleine Faulpelze müssen sich anstrengen, bevor es die Belohnung gibt.

5 Ihr Wellensittich zernagt und zerbeißt **Papier und Pappe,** wo immer es möglich ist – selbst die Tapete an der Wand.   C

6 Wenn Sie den **Käfig neu einrichten,** weigert sich Ihr Wellensittich, in diesen zurückzukehren. Auch mit Leckerchen können Sie ihn nicht hineinlocken.   A

7 Ihr Sittich beschäftigt sich sehr lange mit einem Spielzeug. Auch von seinen Gefährten lässt er sich **nicht ablenken.**   D

Vorsichtig und immer zum Abflug bereit untersucht der Australier, ob das neue Spielzeug wirklich ungefährlich ist.

Ein Fall für Draufgänger: Auf der Schaukel kann man herrlich hin und her schwingen und gleichzeitig die bunten Perlen und Holzplättchen untersuchen.

8 Ihr Wellensittich ist **sehr quirlig.** Er fliegt sehr viel und läuft oft am Boden. Seine Ruhephasen sind sehr kurz, und er ist sehr **dünn und zierlich.**   C

9 Ihr Wellensittich frisst sehr viel und **fliegt kaum.** Er sitzt lieber auf der Stange und erzählt vor sich hin.   D

10 Ihr Wellensittich spielt viel mit **Leder und Holz.** Knoten und sehr dünne Holzteile mag er besonders.   C

Wie oft haben Sie A, B, C oder D notiert? Lesen Sie unter dem häufigsten Buchstaben nach, welcher Spieltyp Ihr Wellensittich ist. Kommen zwei Buchstaben gleich oder fast gleich oft vor, lesen Sie unter beiden nach – denn auch Mischformen zwischen zwei Charaktertypen sind möglich.

AUFLÖSUNG

A Ihr Wellensittich ist sehr vorsichtig. Neue Gegenstände und Situationen verunsichern ihn. Prüfen Sie, welche Eigenschaften das Spielzeug hat, das Ihr Sittich bevorzugt. Wählen Sie neues Spielzeug nach diesen Kriterien aus. Geben Sie Ihrem Vogel die Möglichkeit, neue Gegenstände zunächst außerhalb des Käfigs kennenzulernen.

B Dieser Wellensittichtyp ist ein Draufgänger. Er kann sich nur kurze Zeit konzentrieren und bevorzugt Spielzeug, auf dem er schaukeln und turnen kann. Kletternetze, Spiralen und Hängeseile gefallen diesem kleinen Sportler und befriedigen seinen Bewegungsdrang. Bieten Sie ihm alle Leckereien so an, dass der kleine Turner sie nur fliegend oder kletternd erreichen kann.

C Nagen und Zerbeißen sind das größte Glück für diesen Wellensittichtyp. Bieten Sie diesem Vogel sehr viel Papier und dünne Holzplättchen an und ersetzen Sie zerstörtes Material sofort. Verpacken Sie Leckerchen in Pappschachteln und Papierspielzeug. So hat Ihr kleiner Nager immer wieder ein Erfolgserlebnis.

D Ihr Wellensittich ist ein kleiner Faulpelz, der sich aber durchaus länger mit einem Spielzeug beschäftigen kann. Interessiert ihn etwas, lässt er sich kaum ablenken. Regen Sie ihn mit Schaukeln und Naturästen zum Bewegen an und bieten Sie Leckerchen ausschließlich in Foraging-Spielzeug an.

Teamplayer Wellensittiche: gemeinsam macht der Freiflug Spaß.

Komm, spiel mit mir! Der Sittich fordert seinen Freund auf, mit ihm die Umgebung zu erkunden.

Höhepunkt des Tages: Der Freiflug

Als Extremsportler lieben fitte Wellensittiche den Freiflug. Jetzt können sie sich nach Herzenslust austoben.

Die beste Zeit für den Freiflug ist der frühe Vormittag und der späte Nachmittag. Jetzt sind die Vögel munter und unternehmungslustig. Ungeeignet ist dagegen die Mittagszeit, denn jetzt halten die Vögel meist Siesta und lassen sich kaum zum Fliegen animieren. Im Idealfall dauert der Ausflug ins Zimmer mindestens eine Stunde – natürlich müssen Sie Ihren kleinen Schwarm dabei beaufsichtigen. Am Wochenende, wenn Sie mehr Zeit haben, dürfen die Vögel so lang wie möglich das Wohnzimmer unsicher machen.

So wird der Freiflug ein Erfolg

Zentrum des Freiflugs ist ein gut gestalteter Freisitz (→ Seite 40–45). Er dient den Vögeln als Anflugplatz, an dem sie sich sicher fühlen. Statten Sie den Freisitz gut mit Spielzeug aus – so wird er zum abwechslungsreichen Abenteuerspielplatz, an den die Sittiche nach ihren Flugmanövern gern zurückkehren.

Um unangenehme Überraschungen zu vermeiden, sollten Sie einige Regeln beachten:

- Halten Sie die üblichen Sicherheitsmaßnahmen ein: Beseitigen Sie Gefahrenquellen wie giftige Zimmerpflanzen, offene Türen und Fenster und zugängliche Kabel.
- Informieren Sie alle Familienmitglieder, dass Freiflugzeit ist. Denn Wellensittiche laufen gern über den Boden. Achten Sie darauf, dass kein Sittich versehentlich zu Schaden kommt, weil jemand auf ihn tritt.
- Wenn Sie einen gemischten Schwarm halten, sollten Sie dafür sorgen, dass die Weibchen nicht in dunkle Ecken und Ritzen kriechen. Auch Männchen zeigen den Weibchen gern potenzielle Nistmöglichkeiten. So wird der Freiflug schnell zur Nisthöhlensuche umfunktioniert. Natürlich wollen die gewitzten Vögel nicht mehr in ihre Voliere zurück, wenn sie erst einmal eine solche Nisthöhle gefunden haben. Verschließen Sie daher vor dem Freiflug dunkle Nischen, um das Problem zu vermeiden.

Ohne Stress in den Käfig

Der Freiflug ist für Wellensittiche der Höhepunkt des Tages. Verständlich, dass sie nicht immer Lust haben, zurück in den Käfig zu gehen. Sorgen Sie in diesem Fall dafür, dass die Rückkehr trotzdem so stressfrei wie möglich abläuft. Diese Tricks helfen dabei:

- Füllen Sie die Futternäpfe erst nach dem Freiflug. Bieten Sie während des Freiflugs Leckerchen nur an, wenn Sie mit den Vögeln trainieren. Grünfutter und Gemüse dürfen Sie zwischendurch geben, sie machen nicht richtig satt.
- Toben macht hungrig: Mit etwas Körnerfutter lassen sich auch unwillige Australier

> ### Tipp
>
> Weigert sich ein Sittich konsequent, in den Käfig zurückzugehen, lassen Sie ihn allein im Zimmer. **Schließen Sie die Voliere**, ziehen Sie alle Stecker und stellen Sie dem Querulanten etwas Wasser hin. Nach einiger Zeit wartet ein **hungriger Sittich** auf Sie, der sich mühelos in den Käfig setzen lässt.

überzeugen, dass es Zeit für einen Imbiss in der Voliere ist. Wenn Sie ihre Wellensittiche mit extrudiertem Futter füttern, gelingt das leichter: Die Vögel können aus dem normalen Futter nicht ihre Lieblingskörner herauspicken, deshalb sind die Extra-Körner für sie unwiderstehlich (→ Seite 48/49).

Reichlich Zeit beim Freiflug vermeidet Stress, falls der Sittich nicht gleich zurück in den Käfig will.

Bau-anleitung

So entsteht ein Luxusfreisitz

Ein Freisitz, der rasch zum beliebten Treffpunkt und Landeplatz beim Freiflug wird, ist mit etwas handwerklichem Geschick gar nicht so schwierig zu bauen. Das dafür notwendige Material findet man in jedem Baumarkt. Der Freisitz besteht aus einem einfachen, soliden Grundgerüst, das sich immer wieder mit neuem Spielzeug bestücken lässt. So wird der Freisitz für die Wellensittiche zu einem abwechslungsreichen und immer interessanten Lebensraum.

ARBEITSMITTEL

- ☐ Hand-/Feinsäge
- ☐ Akkuschrauber, Bohrmaschine
- ☐ eventuell Ständerbohrmaschine
- ☐ HSS-Bohrer, Ø 2,5 mm, 7 mm, 4 mm, 5 mm, 8 mm (zum Ansenken)
- ☐ Holzbohrer, Ø 10 mm, 12 mm, 16 mm, 20 mm
- ☐ 2 kleine Schraubzwingen
- ☐ großer Schraubendreher
- ☐ Schleifpapier, Körnung 120, zum Runden der Kanten
- ☐ Bleistift und Maßstab

ARBEITSMATERIAL

Für die Fußplatte
- ☐ 1 Multiplex-Platte, 50 × 50 × 1,9 cm (beschichtet und wasserfest)
- ☐ 2 Leisten, 51 × 3 × 0,5 cm (Buche)
- ☐ 2 Leisten, 50 × 3 × 0,5 cm (Buche)
- ☐ 12 Schrauben, 3,5 × 25 mm
- ☐ 4 Edelstahl-SPAX®-Schrauben, 4,5 × 70 mm

Für den Ständer
- ☐ 1 Kantholz, 154 × 5,4 × 5,4 cm (Fichte oder Buche)
- ☐ 3 Eindrehmuffen, M6
- ☐ 3 Edelstahl-Senkkopfschrauben, M6 × 40 mm
- ☐ 2 Multiplex-Stücke, 11 × 5 × 1 cm
- ☐ 2 Streifen Multiplex-Platte, 5 × 2 × 1 cm
- ☐ 2 Streifen Multiplex-Platte, 5 × 1 × 0,6 cm
- ☐ Holzleim (ungiftig)

Für den Kubus
- ☐ 1 Buchen-Kantholz, 5 × 5 cm (in 8 Würfel à 5 cm Länge sägen lassen)
- ☐ Buchen-Rundstäbe, je 1 m lang: 5 Stück Ø 12mm, 2 Stück Ø 10 mm, 3 Stück Ø 16 mm, 2 Stück Ø 20 mm
- ☐ 2 Deckenhaken, 40 × 3 mm (Edelstahl, mit Holzgewinde)

Hinweis: Alle Maßangaben in der Anleitung gelten für die Mitte der Bohrungen!

Mhhh! Der mit frischen Zweigen dekorierte Freisitz kommt gut an.

Basis: die Fußplatte

Markieren Sie die Mitte der Multiplex-Platte und zeichnen Sie ein Quadrat mit der Seitenlänge 5,4 cm in die Plattenmitte ein. Bohren Sie mit dem 5-mm-Bohrer vier Löcher in das Quadrat. Die Löcher sollen von der Unterseite gut angesenkt sein. Bohren Sie nun mit dem 4-mm-Bohrer je drei leicht angesenkte Löcher in die Leisten. Streichen Sie etwas Klebstoff an die Kanten. Schrauben Sie die 50 cm langen Leisten mit 3,5 × 25-mm-Schrauben an zwei gegenüberliegende Plattenseiten. Die Leisten sollten rechts, links und unten bündig abschließen und oben überstehen. Schrauben Sie die zwei 51-cm-Leisten an den zwei anderen Plattenseiten fest.

Der Ständer

Die Skizze rechts zeigt den oberen Teil des Kantholzes. Markieren Sie die Bohrlöcher auf dem Kantholz. Bohren Sie als Erstes 5 cm von der Oberkante des Kantholzes ein Loch (∅ 12 mm) durch das ganze Kantholz. Dann bohren Sie auf der gleichen Seite 26,5 cm von

der Oberkante ein Loch (∅ 16 mm) durch das Kantholz. Drehen Sie nun das Kantholz um 90° nach rechts und bohren Sie 2,5 cm von der Oberkante mit einem 10-mm-Bohrer ein 1 cm tiefes Loch. Dann bohren Sie mit dem 7-mm-Bohrer in der Mitte des Lochs weitere 3 cm tief. Auf derselben Seite durchbohren Sie das Kantholz 28 cm von der Oberkante mit einem 16-mm-Bohrer.

Drehen Sie das Kantholz wieder um 90° zurück und bohren Sie für die Klemmhalter 14,5 und 60 cm von der Oberkante entfernt mit dem 10-mm-Bohrer je ein 1 cm tiefes Loch. Bohren Sie beide 10-mm-Löcher mit dem 7-mm-Bohrer weitere 3 cm tief ein. Nun schrauben Sie die Eindrehmuffen vor-

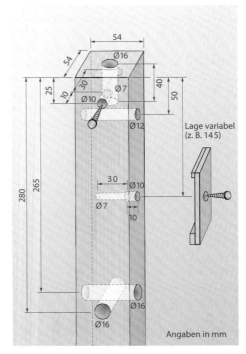

Die massive Fußplatte gibt dem Freisitz Halt.

Die Bohrlöcher im oberen Teil des Ständers

In dem Klemmhalter befestigt man Nageäste.

Der Kubus ist das Grundgerüst des Freisitzes.

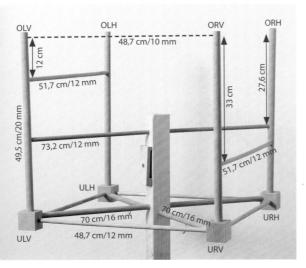

sichtig ein, bis sie bündig bzw. etwas versenkt sind. Zum Schluss bohren Sie in die Stirnseite des Ständers mit einem 16-mm-Bohrer ein 4 cm tiefes Loch.

Klemmhalter: Bohren Sie in die Mitte der zwei Multiplex-Stücke (11 × 5 × 1 cm) mit dem 7-mm-Bohrer ein Loch und senken Sie es leicht an. Leimen Sie auf jedes 11-cm-Stück an einem Ende ein 6 mm dickes Multiplex-Stück und an das andere Ende ein 10 mm dickes Stück. Fixieren Sie die Enden mit einer Schraubzwinge, bis sie trocken sind.

Der Kubus

Eckwürfel: Schleifen Sie alle Kanten der Eckwürfel gut an. Eine Kante schleifen Sie bis auf eine Schräge von 4 mm Breite ab (➡ Bild unten). Zeichnen Sie auf allen Würfeln auf der Kopfseite die Mitte ein und bohren Sie mit dem 20-mm-Bohrer je ein 1,5 cm tiefes Loch. Legen Sie nun vier Würfel so zusammen, dass die vier Schrägen in die Mitte schauen und das eingebohrte Loch oben ist. Kennzeichnen Sie die vier unteren Würfel: ULH (unten links hinten), URH, ULV, URV. Dann legen Sie die vier oberen Würfel mit der Schräge zur Mitte und mit dem eingebohrten Loch nach unten auf die anderen

Die Stangen setzt man in die Würfel ein, die die Ecken des Freisitzes bilden.

Würfel und beschriften sie entsprechend (OLH, ORH, OLV, ORV). In die unteren Klötze bohren Sie mittig mit dem 12-mm-Bohrer rechts und links der Schräge je ein 1 cm tiefes Loch. In die oberen Klötze bohren Sie entsprechend mit dem 10-mm-Bohrer je ein 1 cm tiefes Loch. Bohren Sie jetzt in die Klötze ORH und OLV in die Schrägenmitte mit dem 16-mm-Bohrer je ein 1,5 cm tiefes Loch. Dann bohren Sie in die Schräge der Klötze URH und ULV mit dem 16-mm-Bohrer je ein 1,5 cm tiefes Loch. Der Abstand von der Klotz-Unterkante bis zur Lochmitte beträgt 3,6 cm. Mit den Klötzen ULH und URV verfahren Sie ebenso, jedoch beträgt der Abstand von der Klotz-Unterkante bis zur Lochmitte hier 2 cm.

Rundhölzer bearbeiten: Die zwei 20-mm-Stäbe sägen Sie in vier Stücke à 49,5 cm. Sie bilden die vier senkrechten Kanten des Kubus. Legen Sie die Oberseite der Stäbe fest und markieren Sie sie mit LV (links vorne), RV, LH und RH. Bohren Sie in die Stäbe RH und RV 33 cm von der Oberkante mit dem 12-mm-Bohrer ein 1 cm tiefes Loch. In die Stäbe LH und LV bohren Sie 12 cm von der Oberkante mit dem 12-mm-Bohrer ein 1 cm tiefes Loch. In die Stäbe RH und LV bohren Sie etwa 45° zum ersten Loch versetzt und 27,6 cm von der Oberkante entfernt ein Loch. Dann schneiden Sie zwei 12-mm-Stäbe in vier 48,7 cm lange Stücke, sie bilden die unteren Kubus-Kanten. Für die seitlichen Querstreben sägen Sie zwei weitere 12-mm-Stäbe auf 51,7 cm zurecht, den letzten 12-mm-Stab sägen Sie auf 73,2 mm zurecht (mittlere Diagonale). Zwei 10-mm-Stäbe schneiden Sie für die oberen Kubus-Kanten in vier 48,7 cm lange Stücke. Dann sägen Sie drei 16-mm-Stäbe

auf 70 cm Länge zu, sie bilden die unteren und die obere Diagonale. Für die Deckenhaken bohren Sie in die obere Diagonal-Stange je 15 cm von den Enden ein 2,5-mm-Loch und drehen die Haken ein (➜ Bild oben).

Fertig ist der Freisitz!

Bohren Sie den Ständer viermal von unten mit dem 2,4-mm-Bohrer vor und schrauben Sie ihn mit SPAX®-Schrauben (4,5 × 70 mm) an der Fußplatte fest. Schrauben Sie die Klemmhalter mit M6 × 40-mm-Schrauben an. Nun drehen Sie in das oberste seitliche Loch die Schraube ein. Dann stecken Sie die unteren Diagonalen durch den Ständer, stecken mit etwas Leim die Würfel auf und fügen die äußeren Stäbe ein. Fügen Sie die senkrechten und waagerechten Stäbe ein und bauen Sie zum Schluss die oberen Würfel und Stäbe sowie die Diagonale zusammen.

Ein Freisitz – unendlich viele Varianten

Treffpunkt Freisitz

Ein Freisitz bietet Wellensittichen Lande-
möglichkeiten sowie Platz zum Spielen und
zum Ausruhen. Neben stehenden Freisitzen
gibt es platzsparende Varianten für kleinere
Wohnungen – etwa Modelle zum Aufhängen
oder solche, die in den Käfig integriert sind
und einfach ausgeklappt werden. Wichtig:
Der Freisitz muss so stehen, dass die Vögel
z. B. nicht durch schlagende Türen verletzt
werden können und sich sicher fühlen.

*Oben: Ein selbst gebauter Tischfreisitz
aus Java-Ästen ist preiswert und lässt
sich immer wieder mit neuem Spielzeug bestücken. Nach dem Freiflug
ist er blitzschnell weggeräumt.*

*Rechts: Hängende Freisitze passen
in die kleinste Wohnung und bieten
trotzdem einer größeren Wellen-
sittichgruppe Platz.*

*Links: Das macht Spaß! Hängende Seile
mit Knoten in verschiedenen Dicken sind
eine hervorragende Schaukel und ein interessanter Landeplatz zugleich. Überhängende längere
Fasern schneidet man täglich mit der Schere ab, damit die
quirligen Burschen sich nicht mit den Krallen verheddern.*

Rechts: Selbstgeflochtene Sitzringe aus frischen Weidenzweigen sind ein preiswerter Spielplatz, auf dem man wunderbar nagen und schaukeln kann. Ist der grüne Freisitz durchgenagt, lässt sich schnell aus frischen Zweigen ein neuer Ring flechten!

Oben: Blind endende Java-Stangen lassen sich an die Wand montieren. So bietet man älteren Sittichen eine Kletterwand, die zum Hüpfen, Fliegen und Klettern anregt. Auf durchgehenden Stangen würden sie von der einen zur anderen Käfigseite laufen.

Links: Klein, aber oho! Bunte Schaukel-Räder werden rasch zum Lieblingsruheplatz. Oft sind sie so begehrt, dass jeder Sittich sie ganz für sich allein beansprucht.

Oben: Ob selbst gemacht oder gekauft: Mit einem mittig aufgehängten Spielzeug ist eine Triangel gleich doppelt schön.

Oben: Kletternetze eignen sich gut zur Sicherung großer Fenster. Die optische Barriere sorgt dafür, dass die Vögel rechtzeitig abbremsen und, wenn es für die Umkehr nicht mehr reicht, sicher landen können.

AUFGEPASST! WENN ZWEI SICH MÖGEN, MACHT DAS LERNEN DOPPELT SPASS!

Die kleine Wellensittichschule

Wellensittiche lernen ihr Leben lang. Ihre hohe Reaktionsgeschwindigkeit und schnelle Auffassungsgabe sichern ihnen in der Natur das Überleben und machen sie in der Heimvogelhaltung zu ebenso gelehrigen wie anspruchsvollen Trainingspartnern.

Wer reichlich Gemüse isst, darf auch mal Leckereien naschen.

Gemüse ist gesund, hält schlank, und man muss ordentlich knabbern – deshalb ist es der ideale Snack für zwischendurch.

Auch Lernen geht durch den Magen

Wellensittiche beim Spiel zu beobachten und ihre sozialen Kontakte zu studieren, macht Spaß. Noch mehr Freude hat man an seinen gefiederten Mitbewohnern, wenn man in das Spiel miteinbezogen wird. Da Wellensittiche, die zu mehreren gehalten werden, zunächst wenig Interesse am Kontakt zum Halter zeigen, muss man die Voraussetzungen schaffen, damit die Australier mitarbeiten. Grundlage für ein Training, das beiden Seiten gefällt, ist die richtige Fütterung. Wellensittiche haben von Natur aus feste

Futterzeiten – vor allem am Vor- und Nachmittag. Dazwischen ruhen sie, spielen und vergnügen sich mit ihren Schwarmgenossen. Diesen natürlichen Rhythmus sollte man auch in der Heimvogelhaltung imitieren: Füttern Sie Ihre Wellensittiche nur zu festen Zeiten und stellen Sie ihnen nicht den ganzen Tag über Futter zur Verfügung. Das gibt Ihnen die Chance, die Vögel beim Training mit einem Leckerchen locken zu können. Für eine qualitativ gute und ausgewogene Ernährung empfiehlt es sich, die Wellensittiche auf extrudiertes Futter als Grundnahrung umzustellen. Extrudiertes Futter (Fachhandel) ist ein Allroundfutter, das aus in Form gebackenen Saaten und Körnern besteht und alle für die Australier lebenswichtigen Bestandteile enthält. Sein Vorteil: Die Sittiche können sich nicht ihre Lieblingskörner herauspicken und sich dadurch zu fett ernähren. Die Vögel bekommen kein Übergewicht, und außerdem bleiben Leckerchen und Körner als Belohnung für sie interessant.

Nehmen Sie die Umstellung auf extrudiertes Futter langsam vor, denn Wellensittiche sind konservativ. Mischen Sie zunächst einen Teil Extrudat mit drei Teilen Körnerfutter. Sobald die Vögel das extrudierte Futter zuverlässig fressen, dient Körnerfutter – in Mini-Portionen – nur noch als Leckerchen im Foraging-Spielzeug oder als Belohnung beim Training.

Trainieren zur rechten Zeit

Trainieren und spielen Sie mit Ihren Sittichen stets vor den Mahlzeiten – dann sind die Vögel motiviert und freuen sich auf die Leckerchen. Mit vollem Kropf spielt kein Vogel, er möchte nur verdauen und sich ausruhen. Also gibt es erst nach dem Training als Belohnung den gefüllten Futternapf. Trainieren Sie immer nur in sehr kurzen Sequenzen, denn Wellensittiche können sich nur kurze Zeit konzentrieren und lassen sich schnell ablenken. Es ist besser, zwei bis dreimal täglich für 3–5 Minuten mit den Vögeln zu arbeiten als einmal täglich 15 Minuten.

Training für Jung und Alt: Trainiert werden kann mit Wellensittichen jeden Alters. Sittiche können schon im Alter von nur einigen Wochen lernen, auf die Hand zu steigen oder eine Leiter hochzuklettern. Senioren

> ### Tipp
> Auch wenn Sie ganztags arbeiten, müssen Sie auf das **Training** mit Ihren Sittichen nicht verzichten. Es macht nichts, wenn Sie einmal keine Zeit zum Üben haben – die Sittiche **vergessen Erlerntes nicht.** Ganz wichtig ist, dass Sie extrudiertes Futter füttern und **Hirse und Körner nur beim Training** anbieten.

brauchen bisweilen etwas länger, wenn man noch nie mit ihnen gearbeitet hat. Da Wellensittiche aber ein Leben lang lernen, gibt es keinen Grund, nicht auch mit einem Senior-Vogel zu trainieren. Bisweilen können sich alte Tiere sogar erheblich besser konzentrieren als Teenie-Sittiche.

Motivation muss sein: Ein Stückchen Hirse weckt die Lust auf den nächsten Übungsschritt.

WAS SIND GESUNDE LECKERCHEN?

Kolbenhirse

Kaum ein Wellensittich kann dieser Leckerei widerstehen. Kolbenhirse dient sowohl als Belohnung beim Training als auch als Aufbaufutter, wenn ein Wellensittich krank war. Die etwa 2 mm großen Hirsekörnchen haben einen sehr hohen Anteil an leicht verdaulichen Kohlenhydraten, deshalb macht Hirse bei übermäßiger Fütterung dick. Lagern Sie die Leckerei in einer Plastikbox im Kühlschrank und verfüttern Sie die kleinen Kolben einzeln. Wenn Sie einmal pro Woche Ihrem Sittichschwarm eine ganze Hirsenrispe anbieten möchten, bringen Sie diese so an, dass die Sittiche dafür fliegen und klettern müssen.

Vogelmuffins

Vogelmuffins bäckt man aus speziellen Backmischungen für Vögel. Noch gesünder sind sie, wenn man Möhre, Kohlrabi oder Zucchini in den Teig reibt. Die Papierförmchen dürfen die Sittiche zernagen. Bieten Sie die Muffins als Etagere an, damit sich die Australier anstrengen müssen, um an die Leckerei zu kommen (→ Seite 33). Überzählige Muffins frieren Sie ein. Lässt man die Muffins austrocknen, werden sie hart und sind ein gesunder Nagespaß.

Knabberstangen

Was für uns Schokolade ist, sind für Wellensittiche Knabberstangen und Körnerbällchen. Es gibt sie in den verschiedensten Geschmacksrichtungen. Häufig ist aber ihr Zucker- und Fettanteil sehr hoch, sodass ein übermäßiger Verzehr zu Übergewicht führen kann. Körnerbällchen lassen sich gut in Treat-Spielzeug verstecken, denn sie sind klein und gut zu dosieren. Knabberstangen dürfen Sie Ihren Vögeln maximal einmal pro Woche anbieten. Bringen Sie sie so im Käfig an, dass die Sittiche sich anstrengen müssen, um sie zu erreichen.

Vogelbrot

Brotreste üben auf Wellensittiche eine magische Anziehungskraft aus. Unser Brot ist für Sittiche als Leckerei allerdings ungeeignet. Besser sind spezielle Vogelbrotbackmischungen, die weder Salz noch Zusatzstoffe enthalten, die den Vögeln schaden könnten. Mittlerweile gibt es im Fachhandel verschiedene Geschmacksrichtungen, sodass Sie Ihren Sittichen ihre Lieblingssorte anbieten können. Natürlich dürfen Sie auch Kräuter und geriebenes Gemüse in die Backmischungen einarbeiten. Lagern Sie die Brotscheiben in einer Plastikbox in der Kühltruhe und bieten Sie die Scheiben je nach Bedarf aufgetaut an.

Frische Kräuter

Kräuter wie Basilikum, Petersilie oder Sauerampfer sind eine gesunde und leckere Alternative zu fett- und zuckerhaltigen Nascherereien. Diese Leckerchen dürfen Sie auch während des Freiflugs anbieten. Weil man sie herrlich zerrupfen kann, sind sie für die Sittiche außerdem eine prima Beschäftigungsmöglichkeit. Auch im Winter können Sie Kräutertöpfchen Ihren Sittichen immer wieder als grüne Leckereien in den Käfig stellen. Übrigens: Viele Wellensittiche lieben nasse Kräuter als Badeplatz!

Körnerfutter

Körnerfutter ist für Wellensittiche nicht nur ein Grundfutter, sondern auch eine kalorienreiche Leckerei. Handelsübliche Mischungen enthalten je nach Hersteller einen mehr oder weniger hohen Hirseanteil. Weil Wellensittiche aufgrund ihrer Veranlagung aber zu Übergewicht neigen, sollten Sie dieses Nahrungsmittel nur kontrolliert füttern. Sittiche, die Körnerfutter ausschließlich als Leckerei und Belohnung kennen, lassen sich schnell mit ein paar Körnern locken. Deshalb ist es ideal, um unwillige Vögel nach dem Freiflug wieder in die Voliere zu locken. Gelagert wird das Körnerfutter in einer Plastikbox im Kühlschrank.

Wenn Lieschen früh lernt, kann aus ihr eine begabte Tüftlerin werden!

Nur wer die Sittich-grundschule erfolg-reich absolviert hat, kann auch solche kniffligen Aufgaben lösen.

Ein wenig Lern-
theorie muss sein

Wellensittiche lernen – wie die meisten Le-bewesen – aus zwei Gründen: Sie sind zum einen neugierig und wollen unbekannte Dinge untersuchen. Zum anderen merken sie sich rasch, dass sie für ein bestimmtes Verhalten eine Belohnung bekommen. Welche Art der Belohnung dabei für ein Tier erstrebenswert ist, kann ganz unterschied-lich sein. Während die Aufmerksamkeit des Halters für den einen Sittich besonders wichtig ist, geht bei anderen ohne ein Le-ckerchen gar nichts. Und für sehr ängstliche

Sittiche kann zu viel Aufmerksamkeit sogar eine Belastung sein.

Lernspaß mit positiver Verstärkung

Je interessanter und erstrebenswerter die Be-lohnung für ein bestimmtes Verhalten ist, desto häufiger wird das Tier dieses Verhal-ten von sich aus zeigen. Dabei ist es völlig gleichgültig, um welches Verhalten es sich handelt. Wichtig ist nur, dass das Tier das gezeigte Verhalten mit der folgenden Beloh-

Tipp

Oft fällt es einem gar nicht auf, dass man ein **Verhalten eines Sittichs** negativ verstärkt hat. Beobachten Sie sich im Umgang mit den Vögeln genau. Notieren Sie Situationen, in denen Sie unbewusst negativ verstärkt haben, und entwickeln Sie eine **positive Verstärkung**, um zum selben Ziel zu gelangen.

nung verknüpft und lernt, dass sich genau dieses Verhalten lohnt. Diesen Lernprozess bezeichnet man als positive Verstärkung. Papageien und Sittiche gehören zu den Vögeln, die ein Leben lang lernen. Einmal erlerntes Verhalten behalten sie für immer, denn einen einmal vollzogenen Lernprozess kann man nicht umkehren. Hat ein Wellensittich gelernt, wie er auf die Hand steigen soll, wird er dies zeigen, wenn er dafür die Belohnung (positive Verstärkung) erhält, die er in diesem Moment haben möchte.

NEGATIVE VERSTÄRKUNG VERMEIDEN

Ein Sittich kann aber auch die Erfahrung machen, dass der Halter ihn zum Beispiel im Käfig mit der Hand bedrängt. Flattert er dann wild umher und wird die Hand daraufhin aus dem Käfig genommen, lernt der Vogel, dass wildes Umherflattern zum Rückzug der Hand führt. Das Entfernen der

Hand war in diesem Fall ebenfalls eine »Belohnung«. Einen solchen Prozess bezeichnet man als negative Verstärkung, denn die Hand war ein unangenehmer Reiz, der entfernt wurde, als der Sittich aufflog. Damit hat er gelernt, dass Flattern zu der von ihm gewünschten »Belohnung« führt.

Arbeitet man mit negativer Verstärkung, wird man immer nur Minimalerfolge mit seinem Tier erleben. Der unangenehme Reiz wird entfernt, und das Tier hat dann keine Veranlassung mehr, das erwünschte Verhalten zu zeigen. Bei positiver Verstärkung hingegen ist das Tier von sich aus motiviert, ein bestimmtes Verhalten zu zeigen, denn es erhält dafür die gewünschte Belohnung. Damit Sie das Vertrauen Ihrer Wellensittiche gewinnen und die Vögel Spaß am Spiel mit Ihnen haben, sollten Sie beim Training deshalb nur mit positiver Verstärkung arbeiten.

Vertrautes Miteinander ist die beste Voraussetzung zum Lernen. Und von ganz oben hat der Sittich alles sicher im Blick.

Clever: Das Training mit dem Clicker

Ein nützliches Hilfsmittel für das Tricktraining mit den Wellensittichen ist der Clicker – ein kleines Knackinstrument, mit dem Sie exakt das Verhalten akustisch markieren können, das Sie bestätigen wollen. Der Clicker markiert das Ende eines Verhaltens, und das Tier weiß, dass es jetzt ein Leckerchen bekommt. Wichtig ist, dass Sie einen leisen Clicker wählen. Denn laute Knackgeräusche machen Wellensittichen Angst. Doch zunächst muss jeder Wellensittich lernen, was das Klick-Geräusch bedeutet. Dazu bieten Sie dem Vogel ein Stück Hirse an und klicken in dem Moment, in dem der Vogel die Hirse frisst. Der Sittich soll das Klick-Geräusch mit der Hirse verbinden. Ist ein Wellensittich noch sehr scheu und traut sich nicht nah genug an Ihre Hand, legen Sie zunächst ein Hirsestückchen von außen in den Futternapf im Käfig. Bleiben Sie in der Nähe des Käfigs sitzen und beobachten Sie, wann der Sittich die Hirse frisst. In genau diesem Moment drücken Sie den Clicker. Hat der

Vogel das Hirsestückchen gefressen, legen Sie ein neues Hirsestückchen in den Napf und wiederholen den Vorgang.

Nähern Sie sich nun langsam dem Käfig, damit sich der Vogel an Ihre Nähe gewöhnt. Beachten Sie dabei aber genau die Körpersprache des Sittichs. Zeigt der Vogel Angst, kehren Sie bis zu dem Punkt im Raum zurück, an dem er entspannt sitzen bleibt. Wenn Sie sich bis zum Käfig vorgearbeitet haben, lassen Sie die Hand in der Nähe des Futternapfs am Käfig liegen, damit sich der Sittich daran gewöhnt. Die Hand sollte möglichst unterhalb des Sittichs ruhen. Sobald das Tier entspannt die Hirsestückchen aus dem Futternapf nimmt, legen Sie das Hirsestückchen in den Napf, indem Sie durch die Käfigtür greifen. Akzeptiert der Sittich auch das problemlos, bieten Sie Hirsestückchen aus der Hand an. Vergessen Sie nicht, jedes Mal den Clicker auszulösen, wenn der Sittich etwas Hirse frisst.

Wichtig: Die Hirsestücke sollten sehr klein sein, damit Sie den Vogel möglichst oft bestätigen können, er aber nicht zu viel frisst.

Wenn es Klick macht, weiß der Sittich: Gleich gibt es ein Leckerchen. Später macht er die Übung nur auf das Geräusch hin.

Nicht nur für Schüchterne: der Targetstick

Hat der Vogel die Bedeutung des Klick-Geräuschs gelernt, führen Sie den Targetstick ein. Dabei handelt es sich um einen kleinen Stab, mit dem Sie dem Vogel zum Beispiel beim Training zeigen, in welche Richtung er sich bewegen soll. Hilfreich ist der Targetstick auch bei schüchternen Vögeln, weil Sie mit dem Tier aus größerer Distanz trainieren

Oben links: Ist die erste Scheu abgebaut, bieten Sie das Leckerchen aus der Hand an. In dem Moment, in dem der Vogel frisst, wird geklickt.

Oben rechts: Clickern Sie in dem Augenblick, in dem der Sittich den Targetstick mit dem Schnabel berührt.

Unten: Halten Sie den Targetstick jetzt ein Stückchen vom Sittich entfernt, damit der Australier laufen muss.

können. Targetsticks mit integriertem Clicker, wie sie für Papageien verwendet werden, sind für Sittiche jedoch nicht geeignet. Sie sind zu groß und ängstigen die Vögel.

Lassen Sie zunächst den Sittich die Stabspitze mit dem Schnabel berühren und klicken Sie genau in dem Moment. Dann geben Sie dem Australier sofort ein Leckerchen. Der Vogel lernt, dass die Berührung der Stabspitze das Verhalten ist, das belohnt wird. Nun bewegen Sie die Spitze langsam vom Vogel weg, sodass er hinter dem Stick herlaufen muss, wenn er ein Leckerchen möchte. So können Sie den Sittich zu einem bestimmten Ziel leiten.

Lernen muss Spaß machen

Beenden Sie das Training immer dann, wenn Ihre Wellensittiche bei einer Übung besonders erfolgreich sind. Zum Trainingsende gibt es dann ein besonders großes Leckerchen, damit die Vögel die »Schulstunde« in positiver Erinnerung behalten. Übertreibt man dagegen beim Training, werden die Sittiche überfordert. Genauso sollte man die Vögel niemals zu einer Übung drängen, die sie nicht mögen. Die Folge ist, dass die Tiere beim nächsten Mal nicht mehr gern mitarbeiten werden, denn sie haben das letzte Training in schlechter Erinnerung.

FÜR BEWEGUNGSTALENTE: SKATEBOARDFAHREN IST FÜR WELLENSITTICHE EINE WAHRE MUTPROBE.

Tricktraining
für Wellensittiche

Schlaue Köpfe brauchen immer wieder Herausforderungen, sonst verkümmert ihr Talent. Regelmäßiges Training ist deshalb ein Muss, weil es das Wohlbefinden der Sittiche steigert. Und es ist ein großer Spaß für Mensch und Tier, wenn ein neuer Trick gelingt.

Erst wenn der Sittich Ihnen ganz vertraut, wird er auf Ihrem Finger landen.

Ganz entspannt sitzt der Sittich auf der Hand – der erste Schritt zu einer langen Freundschaft ist geschafft!

Wellensittiche handzahm machen

Jeder Wellensittichhalter möchte, dass sich seine Vögel auf seine Hand setzen. Denn der Alltag und das Training mit den Tieren wird sehr viel einfacher, wenn sie handzahm sind. Für die Vögel ist das aber ein großer Schritt: Schließlich sind sie Beutetiere und fürchten instinktiv ein Wesen, das um ein Vielfaches größer ist als sie selbst. Seien Sie also nicht überrascht, wenn Sie mit den sogenannten Step-up-Übungen beginnen und Ihre Wellensittiche zunächst ängstlich reagieren – das ist normal. Um das Misstrauen abzubauen,

dürfen Sie beim Training niemals Druck auf die Tiere ausüben. Begegnen Sie ihnen mit Respekt und Geduld – das ist das beste Rezept, um nach und nach Vertrauen zwischen Ihnen und Ihren Wellensittichen aufzubauen. Beachten Sie beim Üben immer die Körpersprache der Vögel und ziehen Sie sich zurück, sobald diese Angst zeigen. Nähern Sie sich dem Käfig mit langsamen Bewegungen und sprechen Sie mit ruhiger Stimme mit den Vögeln. Und nicht vergessen: Meist hilft ein Leckerchen, das Eis zu brechen!

Step-up für Anfänger

Diese Step-up-Übung ist die einfachste Variante und für alle Wellensittiche geeignet – von unbefangenen Jungtieren bis hin zu vorsichtigen Vögeln und für mutige Exemplare sowieso. Der Sittich wird mithilfe einer Körnerschale angelockt, und die Annäherung an die noch ungewohnte Hand geschieht quasi ganz nebenbei.

SCHWIERIGKEIT ★ ☆ ☆ ☆ ☆

ARBEITSMITTEL
Tonschale mit Körnerfutter

Schaffen Sie eine ruhige Atmosphäre in dem Raum, in dem die Wellensittiche Freiflug haben. Setzen Sie sich mit einem Buch oder einer Zeitung an den Tisch und stellen Sie etwas weiter entfernt eine Tonschale mit Körnerfutter auf den Tisch. Lesen Sie eine Weile und kümmern Sie sich nicht um die Schale. Beachten Sie sie auch dann nicht, wenn der Sittich die Schale anfliegt und von den Körnern frisst. Denn direktes Anstarren fasst der Vogel als Bedrohung auf, solange er noch kein Vertrauen zu Ihnen hat. Wenn Sie Ihre Lektüre beendet haben und der Sittich zu fressen aufhört, entfernen Sie die Schale.

Hat das an mehreren Tagen hintereinander gut geklappt, stellen Sie die Tonschale näher an sich heran, damit sich der Sittich an Ihre Nähe gewöhnt (→ Bild 1). Beobachten Sie stets seine Körpersprache und arbeiten Sie in kleinen Schritten. Der Sittich soll sich immer sicher fühlen. Schließlich stellen Sie die Tonschale auf die geöffnete Hand (→ Bild 2). Wenn der Vogel dies akzeptiert und auf die Schale hüpft, dürfen Sie das Körnerfutter aus der Hand anbieten. Bewegen Sie die Hand nicht, wenn der Sittich auf ihr landet. Erst wenn auch hier Routine herrscht, dürfen Sie die Hand vorsichtig etwas anheben (→ Bild 3).

Mit Step-up ohne Stress in den Käfig

Viele Halter befürchten, dass ihre Wellensittiche nach dem Freiflug nicht mehr von sich aus in den Käfig zurückkehren. Wenn es Ihnen ebenso geht, sollten Sie Ihre Vögel mit dieser Step-up-Variante zunächst im Käfig an die Hand gewöhnen. Dann entsteht auch außerhalb des Käfigs kein Stress, und die Tiere lassen sich nach dem Freiflug problemlos in den Käfig setzen.

SCHWIERIGKEIT ★ ★ ☆ ☆ ☆

ARBEITSMITTEL
Käfig (große Tür); blind endende Stange; Hirse

Für diese Übung brauchen Sie einen Käfig mit großer Tür, damit Sie gut hineingreifen können. Montieren Sie mindestens einen Ast bzw. eine Sitzstange im Käfig so, dass sie blind endet und in einer für Sie bequemen Höhe in die Käfigmitte ragt. Als Belohnung verwenden Sie zunächst etwas größere Hirsestückchen.

Halten Sie einen Finger als Verlängerung an das Stangenende. Mit der anderen Hand bieten Sie dem Sittich ein Hirsestückchen so an, dass er sich der Hand etwas entgegenstrecken muss (➜ Bild 1). Achten Sie darauf, ob er in

Gegenwart Ihrer Hand entspannt ist. Sobald Ihnen die Körpersprache des Vogels sagt, dass er sich auf das Leckerchen freut, bewegen Sie die Hirse langsam in Richtung des Fingers, der die ganze Zeit über ruhig an der Stange liegt. Mit etwas Geduld wird der Sittich bald einen Fuß auf Ihren Finger setzen (➜ Bild 2). Schließlich wagt sich der Sittich ganz auf Ihre Hand (➜ Bild 3). Füttern Sie ihn weiter und setzen Sie ihn langsam auf einer anderen Stange ab. Hat sich der Vogel an diese Übung gewöhnt, führen Sie ein Signal ein, z. B. »Auf«, das der Vogel mit dem Aufsteigen auf den Finger verbindet. Immer wenn es klappt, loben Sie ihn kräftig, geben aber nur noch kleine Hirsestückchen. Bald wird er auch ohne Leckerchen auf den Finger steigen.

Spiel-anleitung

Step-up für kleine Angsthasen

Manche Wellensittiche haben die Scheu vor dem Halter verloren, wagen aber den letzten Schritt zum Step-up nicht. Immer wieder fliegen sie nervös auf und geraten in Hektik, weil sie vielleicht einmal schlechte Erfahrungen mit Händen gemacht haben. Mit dieser Step-up-Variante helfen Sie solchen Vögeln, ihre Ängste zu überwinden.

SCHWIERIGKEIT ✦ ✦ ✦ ✦ ✦

ARBEITSMITTEL
Stock in Sitzastdicke (z. B. ein Kochlöffel); Hirse

Verwenden Sie für diese Übung als Verlängerung der Hand einen Stock, dessen Durchmesser der üblichen Sitzastdicke entspricht. Gut geeignet sind hölzerne Kochlöffel. Da die Vögel in der Regel keine Angst vor Ästen haben, kommen sie mit diesem Hilfsmittel sehr gut zurecht. Binden Sie ein längeres Stück Hirse an das Ende des Stocks und bieten Sie es dem Sittich an. Halten Sie dabei den Stock mit der Hand am Ende und nicht in der Mitte fest. Machen Sie diese Fütterung zur täglichen Routine. Dann reduzieren Sie langsam den Abstand, bis Ihre Hand direkt an der Hirse liegt (➥ Bild 1). Sobald der Sittich

die Hirse ohne Scheu annimmt, legen Sie im nächsten Schritt die Hirse lose auf Ihre Hand (➥ Bild 2). Da sich der Sittich mittlerweile an die tägliche Fütterung auf dem Stock gewöhnt hat, wird er mit der Zeit anstatt des Stocks Ihre Hand anfliegen (➥ Bild 3). Bewegen Sie sich zunächst nicht, damit der Vogel nicht erschrickt und das langsam entstehende Vertrauen nicht zerstört wird. Genießen Sie, dass der Vogel bei Ihnen ist, und sprechen Sie leise mit ihm. Erst wenn Sie das Gefühl haben, dass der Vögel entspannt und zufrieden ist, bewegen Sie sich langsam mit ihm im Raum oder setzen ihn in den Käfig.

Mit etwas Geduld lernen auch ängstliche Sittiche die Adler-Übung.

Sport und Gesundheitsvorsorge zugleich: die Adler-Übung. Ist das Gefieder unter dem Flügel ganz in Ordnung?

Spiele & Tricks
ohne Hilfsmittel

Spielen und Trainieren sollen sowohl Ihnen als auch Ihren Wellensittichen Spaß machen. Um die schlauen Australier an das Training zu gewöhnen, beginnt man mit Übungen ohne Hilfsmittel – das ist für beide Trainingspartner einfacher. Als Grundregel gilt: Üben Sie ausschließlich Bewegungsabläufe und Verhaltensweisen, die dem natürlichen Verhalten der Wellensittiche entsprechen. Wenn Sie sich auf die Körpersprache der kleinen Australier konzentrieren, entdecken Sie viele Möglichkeiten: So wird bei-

spielsweise das Anheben der Flügel zur Adler-Übung oder das Drehen um die eigene Achse zum Turn-around (➡ Seite 65). Natürlich wissen Ihre gefiederten Schüler am Anfang nicht, was sie tun sollen. Erst wenn Sie die Vögel für ein bestimmtes Verhalten zeitnah loben und mit einem Leckerchen belohnen, lernen die Sittiche, welches Verhalten erwünscht ist und sich für sie lohnt. Zum Schluss können Sie jede Übung mit einem anderen verbalen Kommando verbinden, sodass sie allein auf Zuruf ausgeführt wird.

Flügel hoch: Die Adler-Übung

Mit der Übung »Adler« können Sie ein ganz normales Verhalten Ihrer Wellensittiche unterstützen – nämlich das Heben und Ausstrecken der Flügel. Diese Übung dient auch dazu, die Flügelunterseiten zu kontrollieren. So können Sie eventuelle Haut- oder Gefiederprobleme schneller erkennen. Achten Sie wie immer darauf, dass Sie das Verhalten zeitgenau bestätigen.

SCHWIERIGKEIT ★ ★ ★ ☆ ☆

ARBEITSMITTEL
T- oder U-Stand; Leckerchen; eventuell Clicker

Rufen Sie den Sittich zu sich auf einen T- oder U-Stand und bestätigen Sie mit einem Leckerchen, dass er zu Ihnen gekommen ist. Sprechen und beschäftigen Sie sich nun mit dem kleinen Kerl. Sobald er zufällig die Flügel ein Stückchen anhebt, sagen Sie blitzschnell »Adler« und bieten ihm ein Hirsestückchen an (➔ Bild 1). Dies tun Sie auch, wenn er nur einen Flügel hebt (➔ Bild 2). Wenn Ihr Sittich das kurze Heben der Flügel mit dem Kommando und der Gabe eines Leckerchens verknüpft hat und dies auch regelmäßig wiederholt, loben Sie ihn kräftig, geben aber kein Leckerchen mehr.

Erst wenn er die Flügel ein Stückchen höher hebt, bestätigen Sie ihn wieder mit einem Leckerchen (➔ Bild 3). Sie belohnen also nur noch den Lernfortschritt, loben aber mit Ihrer Stimme jedes Mal das Absolvieren der Übung an sich. Mittlerweile hat Ihr Sittich begriffen, dass er für das Anheben der Flügel auf Kommando bestätigt wird. Rufen Sie diese Übung nun im normalen Tagesablauf immer wieder ab. So verfestigt sie sich, und Sie können Ihren kleinen Freund immer wieder bestätigen. Wenn es Ihnen schwer fällt, das schnelle Heben der Flügel zeitgenau zu bestätigen, arbeiten Sie mit dem Clicker.

Warten und auf Zuruf kommen

Spiel-anleitung

So einfach diese Übung auch aussehen mag – für die meisten Wellensittiche ist sie eine richtige Herausforderung. Denn sie wissen nicht, was »warten« bedeutet. Dieses Verhalten kennen wild lebende Sittiche nicht, weil es in der Natur nicht notwendig ist. In der Heimvogelhaltung ist es jedoch sehr nützlich, wenn ein Sittich warten kann und auf Zuruf zu Ihnen kommt.

SCHWIERIGKEIT ★ ★ ★ ★ ★

ARBEITSMITTEL
T-Stand oder Freisitz; Leckerchen

Locken Sie Ihren Sittich auf einen T-Stand oder Freisitz. Loben Sie ihn kräftig und bestätigen Sie ihn mit einem sehr kleinen Leckerchen. Geben Sie dem Vogel jetzt ein Handzeichen, indem Sie den Zeigefinger heben (➜ Bild 1), und loben Sie ihn erneut. Hat sich der Sittich an das Handzeichen gewöhnt, zählen Sie leise. Zuerst soll der Vogel nur drei bis fünf Sekunden sitzen bleiben, dann verlängern Sie die Zeit auf bis zu eine Minute. Bleiben Sie in dieser Zeit bei dem Vogel stehen. Klappt das Warten, nehmen Sie den Sittich nach der Wartezeit auf den Finger,

loben ihn und geben ihm ein Leckerchen. Im nächsten Schritt geben Sie dem Australier mit erhobenem Zeigefinger zu verstehen, dass er warten soll, entfernen sich aber ein Stückchen von ihm, sodass er hüpfen oder fliegen muss, wenn Sie ihn nach der Wartezeit zu sich auf den Finger rufen (➜ Bild 2). Vergrößern Sie nach und nach die Entfernung zwischen sich und Ihrem Vogel. Da der Wellensittich gelernt hat zu warten, wird er sitzen bleiben, bis Sie ihm das Signal zum Kommen geben (➜ Bild 3). Fliegt er zu früh los, bestätigen Sie ihn nicht und bringen ihn zu seiner Warteposition zurück. Arbeiten Sie dann wieder mit einem kleineren Abstand, da der Lernprozess für den Vogel noch nicht abgeschlossen war.

Spiel-anleitung

Auch für Schüchterne: Turn-around

Das »Turn-around« oder das Drehen um die eigene Achse ist eine schöne Übung für Vögel, die noch nicht handzahm sind. Sie lässt sich auch bei geöffneter Tür im Käfig durchführen und gibt dem Halter und einem schüchternen Vogel die Möglichkeit, miteinander Kontakt zu haben, ohne dass auf den Vogel Druck ausgeübt wird. So entsteht Routine und wächst Vertrauen.

SCHWIERIGKEIT ★ ★ ★ ☆ ☆

ARBEITSMITTEL
Stange; Leckerchen; eventuell Clicker

Für diese Übung sollte Ihr Wellensittich auf einer Stange sitzen, unter der Sie problemlos durchgreifen können. Locken Sie den Sittich mit einem Leckerchen auf die Stange und bestätigen Sie ihn mit Lob und Leckerchen. Zeigen Sie ihm ein weiteres Leckerchen und achten Sie darauf, ob er es haben möchte. Er sollte ihm mit den Augen folgen (➙ Bild 1). Führen Sie nun das Leckerchen unter der Stange durch, sodass der Sittich sich umdrehen muss, wenn er das Leckerchen haben möchte. Beschreiben Sie einen kleinen Bogen und ziehen Sie Ihre Hand wieder nach vorn (➙ Bild 2). Der Sittich sollte sich einmal um sich selbst drehen (➙ Bild 3). Sobald er wieder vor Ihnen sitzt, bestätigen Sie ihn mit einem Leckerchen. Achten Sie darauf, dass der Sittich sich um sich selbst und sich nicht einfach wieder zurückdreht. Wenn er zunächst nur eine halbe Drehung macht und mit dem Rücken zu Ihnen sitzt, bestätigen Sie auf der Rückseite des Sitzastes. Manche Sittiche haben Angst, wenn man die Hand unter ihnen durchführt. Greifen Sie dann nicht über den Vogel, sondern um ihn herum – Sie geben das Leckerchen also von der einen in die andere Hand. Weil Sie dabei beide Hände brauchen, arbeiten Sie ohne Clicker.

Trickspielzeug benutzt man ausschließlich beim Training.

Perfektes Sittichspielzeug: ein kleiner, leichter Gitterball, den die Australier ohne Mühe hochheben können.

Spiele & Tricks mit Hilfsmitteln

Sobald Ihre Wellensittiche verschiedene Spiele ohne Hilfsmittel beherrschen, können Sie sich an etwas kompliziertere Aufgaben wagen und zum Beispiel zusätzlich verschiedenes Spielzeug in die Übungen einbauen. Dabei muss man jedoch darauf achten, dass dieses leicht und einfach für Wellensittiche zu handhaben ist, sodass die Vögel sich gern damit beschäftigen. Neben dem allseits beliebten Gitterbällchen gibt es mittlerweile auch kleine Plastikautos, Wippen, Ringspiele oder Röhren und Tunnel für Sittiche.

Damit das Lernspielzeug für die Vögel seinen Reiz behält, darf es immer nur während der Trainingseinheiten und im Zusammenhang mit dem Trainer zur Verfügung stehen. Nur dann verstehen die Sittiche, dass jetzt gespielt wird. Dies erhöht ihre Aufmerksamkeit, weil sie wissen, dass sie sich bald ein zusätzliches Leckerchen hinzuverdienen können. Die Motivation Ihrer Wellensittiche steigt also, sobald Sie das jeweilige Spielzeug aus dem Schrank holen, und Ihre Vögel werden gerne mitarbeiten.

Spiel-anleitung

Auf und ab mit der Wippe

Über einen schwankenden Ast zu laufen ist für einen Wellensittich keine große Kunst – schließlich gehört das in der Natur zum Sittichalltag. Anders sieht es aber aus, wenn der feste Untergrund plötzlich in Bewegung gerät und beispielsweise kippt. Normalerweise würde ein Sittich sofort auffliegen. Schafft er es, trotzdem weiterzulaufen, gehört er zu den Fortgeschrittenen!

SCHWIERIGKEIT ★ ★ ★ ★ ☆

ARBEITSMITTEL
Kleine Holzwippe (z. B. aus dem Nagerbedarf); Targetstick; Klebeband; eventuell Clicker; Hirse

Platzieren Sie die Wippe auf einem leeren Tisch und locken Sie den Sittich mit einem Hirsestückchen in die Nähe der Wippe. Ist der Australier sehr schüchtern, nehmen Sie den Targetstick und locken ihn mithilfe des Sticks vor die Wippe. Bestätigen Sie jeden Schritt, den der Vogel in Richtung Wippe macht, bis er diese schließlich erreicht (→ Bild 1). Locken Sie den Sittich jetzt bis zur Mitte der Wippe (→ Bild 2). Die Wippe soll aber noch nicht kippen – erst muss der Sittich ganz die Scheu vor dem neuen Spielzeug verlieren. Notfalls fixieren Sie den auf dem Tisch aufliegenden Teil der Wippe mit Klebeband. Nun kommt der schwierigste Teil der Übung: Der Sittich soll über die ganze Wippe bis zu deren Ende laufen, während die Wippe kippt. Wenn Sie die Wippe zuvor fixiert haben, lösen Sie das Klebeband und locken dann den Australier mit dem Targetstick über die Wippe (→ Bild 3).

Fliegt der Sittich auf, weil die Wippe kippt, helfen Sie beim nächsten Versuch, indem Sie die Wippe halten und nur sehr langsam kippen lassen. Ganz zögerliche Vögel bestätigen Sie dauernd, während diese über die Wippe laufen. In diesem Fall füttern Sie während der gesamten Übung etwas Hirse, bis der Sittich sich sicher fühlt. Nach und nach vergrößern Sie die Abstände, in denen Sie Hirsestückchen geben.

Ein Spielzeugauto schieben

Das Schieben eines kleinen, leichten Spielzeugautos kommt dem natürlichen Bewegungsablauf der Wellensittiche entgegen. Im Freiland laufen die Australier auch über den Boden, um nach Nahrung zu suchen. Ihre hohen Beine und die für ihre geringe Größe sehr hohe Laufgeschwindigkeit sind ideale Voraussetzungen, diese Bewegung in eine Sportübung zu integrieren.

SCHWIERIGKEIT

★ ★ ★ ☆ ☆

ARBEITSMITTEL
☐ kleines, leichtes Plastikspielzeugauto   ☐ Targetstick
☐ Leckerchen

Für trainierte Sittiche ein Kinderspiel: ein Plastikauto schieben

Voraussetzung für diese Übung: Ihr Sittich sollte gern Futter aus Ihrer Hand nehmen. Räumen Sie den Tisch, an dem Sie diese Übung trainieren möchten, komplett frei und stellen Sie nur das kleine Plastikauto auf den Tisch. Locken Sie Ihren Wellensittich jetzt mit etwas Futter auf den Tisch und nehmen Sie den Targetstick in die Hand. Wie beim Clickertraining soll der Sittich zuerst lernen, die Spitze des Targetsticks mit dem Schnabel zu berühren. Ist der kleine Australier zunächst skeptisch, bestätigen Sie schon allein die Annäherung an den Targetstick bzw. eine Bewegung auf diesen zu mit einem kräftigen Lob und einem Leckerchen. Sobald der Sittich zuverlässig in die Spitze des Targetsticks beißt bzw. diese berührt, beginnen Sie, ihn mit dem Targetstick über den Tisch zu führen. Er sollte dem Targetstick überallhin folgen und muss jedes Mal, wenn er ihn berührt, bestätigt werden. Nun legen Sie den Targetstick so über das Auto, dass die Spitze über das Heck zeigt und ein gutes Stück darüber hinausragt. Ziel ist es, dass der Vogel das Auto vorwärts schiebt. Wechseln Sie diese Ausgangsposition daher nicht mehr, denn das würde den kleinen Kerl verwirren. Der Wellensittich wird nun wieder zur Spitze des Targetsticks laufen und hineinbeißen (➡ Bild 1). Bestätigen Sie und ziehen Sie langsam den Targetstick immer weiter zum Auto hin, sodass die Spitze des Sticks dem Heck immer näher kommt (➡ Bild 2). Schließlich liegen die Spitze des Targetsticks und das Heck des Autos auf derselben Höhe, und der Sittich berührt beides gleichzeitig mit dem Schnabel (➡ Bild 3). Bestätigen Sie jetzt besonders reichlich, denn Ihr Sittich hat die erste große Hürde geschafft.

Volle Kraft voraus

Sobald der kleine Australier begriffen hat, dass er zum Heck des Autos laufen und dieses mit dem Schnabel berühren soll, reduzieren Sie langsam die Leckerchen und entfernen den Targetstick aus der Übung. Spornen Sie den Sittich an, das Auto anzutippen, und sobald sich dieses ein kleines Stückchen bewegt, loben Sie besonders kräftig und geben reichlich Leckerchen. Bestätigen Sie mit Leckerchen ab jetzt nur noch, wenn sich das Auto ein kleines Stück bewegt (➡ Bild 4). Da es ein sehr leichtes Fahrzeug

ist, wird dies dem Wellensittich nicht schwer fallen. Zu Anfang bestätigen Sie jedes Mal, wenn sich das Auto bewegt, dann bestätigen Sie nur noch jedes zweite Mal. Beachten Sie die Körpersprache Ihres Sittichs. Wenn dieser unkonzentriert oder lustlos wirkt und sich umschaut, brechen Sie die Übung sofort ab und lassen ihn eine einfache Übung ohne Hilfsmittel machen, die Sie sofort bestätigen können. Im Lauf der Zeit und bei kontinuierlicher Übung wird der Wellensittich das Auto über den ganzen Tisch schieben.

Bild 3: Kräftig loben, wenn der Vogel Stick und Auto zugleich berührt.

Bild 1: Der Sittich folgt dem Targetstick. **Bild 2:** Nun ragt der Targetstick nur noch knapp über das Heck. **Bild 4:** Es klappt! Der Sittich schiebt das Auto.

Spielanleitung Für Geübte: Röhren- und Tunnel-Übung

Tunnel und Röhren sind für Wellensittiche nichts Ungewöhnliches. Im Freiland untersuchen sie jedes noch so kleine Loch auf seine Tauglichkeit als Bruthöhle, wenn die Umweltbedingungen zum Brüten geeignet sind. Besonders Weibchen sind kaum zu bremsen. Diese Neugierde können Sie sich in einer sportlichen Übung für die kleinen Australier zunutze machen.

SCHWIERIGKEIT

★ ★ ★ ★ ★

ARBEITSMITTEL

☐ mehrere Röhren aus Pappe oder Moosgummi, 10–15 cm Durchmesser

☐ Leckerchen
☐ Targetstick

Erst umkippen, dann durchlaufen: Für mutige Routiniers ist das kein Problem!

Räumen Sie den Tisch, auf dem Sie üben wollen, frei und stellen Sie eine kurze Röhre aufrecht auf den Tisch. Es empfiehlt sich zunächst eine Röhre mit kleinerem Durchmesser zu wählen, weil sie sich leichter kippen lässt. Halten Sie die Spitze des Targetsticks an den Rand der Röhre. Wenn der Wellensittich in den Stick beißt, gibt es ein Leckerchen (➡ Bild 1). Im nächsten Schritt halten Sie den Stick so über die Röhre, dass der Wellensittich sich etwas recken müsste, um den Stick zu erreichen. Bald wird er statt in den Stick in den Rand der Röhre beißen (➡ Bild 2). Schließlich ist das Ziel der Übung, dass der Sittich die Röhre beim Zurückziehen des Schnabels mitzieht und die Röhre etwas kippt (➡ Bild 3). Zu Beginn dürfen Sie hier ein klein wenig helfen und die Röhre mit der Hand kippen, damit der Wellensittich ein Erfolgserlebnis hat (➡ Bild 4). Ab und zu sollte die Röhre aber auch stehen bleiben, damit der Vogel versteht, dass nur das Umkippen der Röhre mit einem Leckerchen bestätigt wird. Spätestens beim dritten Mal sollte die Röhre aber umfallen, damit der kleine Kerl nicht frustriert ist und den Trainingsplatz verlässt. Dieser Lernschritt kann sehr lang dauern und erfordert von Ihnen viel

Geduld. Manche Wellensittiche erschrecken zunächst, wenn die Röhre plötzlich kippt und fliegen dann auf. In solchen Fällen unterstützen Sie die Röhre mit der Hand und lassen sie nur langsam nach unten gleiten. Wenn der Wellensittich die Übung verstanden hat, stellen Sie mehrere Röhren auf, damit Ihr Wellensittich Routine im Umkippen der Röhren bekommt. Natürlich gibt es nach jedem kleinen Kraftakt ein Leckerchen!

Ab durch die Röhre!

Nehmen Sie jetzt eine Röhre mit größerem Durchmesser, durch die der kleine Australier mühelos hindurchlaufen kann. Beginnen Sie nun wieder mit dem Targettraining und locken Sie den Wellensittich zu der umgestürzten Röhre. Wenn der Wellensittich dem Targetstick zuverlässig folgt, halten Sie diesen so durch die Röhre, dass das Stickende weit aus dem anderen Ende der Röhre in Richtung Sittich herausschaut (→ Bild 5). Ziehen Sie nun langsam bei jedem Übungsschritt den Targetstick in die Röhre, sodass der Wellensittich immer weiter Richtung

Röhre gelockt wird (→ Bild 6). Vergessen Sie nicht, den Vogel jedesmal mit einem Leckerchen zu belohnen, wenn er die Spitze des Targetsticks berührt. Locken Sie jetzt Ihren Trainingspartner mit dem Targetstick ganz durch die Röhre (→ Bild 7). Auf der anderen Seite muss den kleinen Kerl natürlich ein besonders großes Leckerchen erwarten, denn er hat super mitgearbeitet. Wenn sich die Röhre bewegt, während der Sittich hindurchläuft, fixieren Sie diese entweder mit der Hand oder mit zwei Stützen an den Sei-

Bild 3: Nun zieht der Sittich so am Rand, das die Röhre ganz leicht kippt.

Bild 1: Der Targetstick lockt den Sittich zum Rand der Röhre. **Bild 2:** Beißt er in die Röhre, gibts ein Leckerchen. **Bild 4:** Schließlich kippt die Röhre.

Bild 5: Halten Sie den Targetstick so durch die Röhre, dass er auf der anderen Seite herausschaut. Bestätigen Sie, wenn der Sittich in die Spitze beißt. **Bild 6:** Ziehen Sie den Stick langsam durch die Röhre, sodass der Vogel hinter dem Stick herläuft. Beißt er in den Stick, gibts wieder ein Leckerchen. **Bild 7:** Geschafft! Der Kopf des Sittichs guckt aus der Röhre.

ten. Trainieren Sie diesen Übungsabschnitt so lang, bis der Sittich auch ohne Targetstick auf Kommando durch die Röhre läuft. Nun können Sie eine zweite und schließlich eine dritte Röhre hinter die erste legen, sodass ein regelrechter Parcours entsteht. Sie können auch Röhren mit kleinerem Durchmesser wählen, damit der Vogel sich etwas mehr anstrengen muss, um hindurchzukrabbeln.

Kür für Fortgeschrittene

Wenn das alles problemlos klappt, kombinieren Sie beide Übungen. Bieten Sie dem Sittich zunächst eine Röhre an und lassen Sie diese von ihm umstürzen. Bestätigen Sie mit einem Leckerchen und locken Sie den Australier anschließend sofort durch die Röhre. Hat der Vogel diese Reihenfolge der Übung begriffen, bestätigen Sie nach dem Umstürzen der Röhre immer später, also schließlich erst, wenn der Sittich ganz durch die Röhre gelaufen ist. Ziel der Übung ist, dass der Wellensittich mehrere Röhren hintereinander umstürzt und durch sie hindurchläuft. Ein Leckerchen gibt es erst zum Schluss. Aus sehr vielen Schritten wird so eine komplexe Übung, und die Anzahl der Leckerchen wird im Lauf des Trainings immer mehr reduziert.

Spiel-anleitung

Rasant auf dem Skateboard

Skateboardfahren ist für einen Vogel mit einem so guten Flugvermögen sicherlich eine etwas ungewöhnliche Art der Fortbewegung. Normalerweise würde der kleine Sittich auffliegen, wenn sich der Untergrund bewegt. Aber mit etwas Übung klappt auch die Fortbewegung mit diesem fahrbaren Untersatz!

SCHWIERIGKEIT ★ ★ ★ ★ ☆

ARBEITSMITTEL
Sehr kleines, leicht rollendes Skateboard; Leckerchen; eventuell Radiergummi als Stopper

Stellen Sie das Skateboard auf einen leeren Tisch. Ein bereits an das Training gewöhnter Sittich wird sich nun schon neugierig dem Skateboard nähern, während ein schüchterner Vogel den Gegenstand zunächst vielleicht ignoriert. Locken Sie Ihren Trainingspartner mit einem Leckerchen bis zum Skateboard und lassen Sie ihn neben dem Skateboard in Ruhe fressen (➡ Bild 1). Halten Sie dann ein Hirsestückchen so, dass sich der Wellensittich über das Skateboard recken muss, um es zu erreichen. Sobald er ein Füßchen auf das Skateboard stellt, loben Sie ihn kräftig und lassen ihn reichlich fressen

(➡ Bild 2). Wichtig: Sie müssen exakt in dem Moment bestätigen, in dem der Sittich das Board berührt. Rollt das Skateboard bei der Berührung ohne Vogel weg, fixieren Sie es anfangs mit einem kleinen Stopper (Radiergummi). Steigt der Sittich schließlich routiniert auf das Board, entfernen Sie den Stopper, sodass das Skateboard zu rollen beginnt. Bestätigen Sie den Vogel jetzt nur noch mit einem Leckerchen, wenn sich das Skateboard bewegt, während er mit einem Fuß darauf steht (➡ Bild 3). Verlängern Sie nach und nach die Strecke, die der Vogel skaten muss, um ein Leckerchen zu bekommen.

REGISTER

Die Inhalte dieses Buches beziehen sich auf die Bestimmungen des deutschen Tier- bzw. Artenschutzes. In anderen Ländern können die Angaben abweichend sein. Erkundigen Sie sich daher im Zweifelsfall bitte bei Ihrem Zoofachhändler oder bei der entsprechenden Behörde.

Adressen

Vereinigung für Artenschutz, Vogelhaltung und Vogelzucht e. V. (AZ),
PF 1168
D-71501 Backnang
(nur schriftliche Anfragen)
www.azvogelzucht.de

Vereinigung für Zucht und Erhalt einheimischer und fremdländischer Vögel e. V. (VZE),
H. J. Wöhrmann (2. Vorsitzender)
Geschäftsstelle: Bornaische Str. 210
D-04279 Leipzig
www.vze-online.net

Fragen zur Haltung

beantworten Ihr Zoofachhändler und der **Zentralverband Zoologischer Fachbetriebe Deutschlands e. V. (ZZF),**
Tel.: 0611/44 75 53 32 *(nur telefonische Auskunft möglich: Mo 12–16 Uhr, Do 8–12 Uhr).*
www.zzf.de
Der ZZF hat einen bundesweiten Suchdienst für entflogene Vögel eingerichtet. Alle beringten Vögel können aufgrund der *Fußringe identifiziert und ihrem Besitzer zugeordnet werden.*

Bücher

Birmelin, I.: **Mein Wellensittich.** Gräfe und Unzer Verlag, München

Lang, A.: **Ziervögel von A bis Z.** Gräfe und Unzer Verlag, München

Niemann, R.: **Sittiche.** Gräfe und Unzer Verlag, München

Reinschmidt, M., Lambert, K.-H.: **Papageien der Welt.** Ulmer Verlag, Stuttgart

Robiller, F.: **Vogelheime, Volieren und Teiche.** Ulmer Verlag, Stuttgart

Schnabl, H.: **Vogelfutterpflanzen.** Arndt-Verlag, Bretten

Seitre, R., Seitre, J.: **Papageien Down Under.** Arndt-Verlag, Bretten

Zeitschriften

WP-Magazin. Europas größte Zeitschrift für Vogelhalter. Arndt-Verlag, Bretten

Papageien. Fachzeitschrift für die Haltung, Zucht und das Freileben der Sittiche und Papageien. Arndt-Verlag, Bretten

Gefiederte Welt. Ulmer Verlag, Stuttgart

Der Vogelfreund. Fachzeitschrift des Deutscher Kanarien- und Vogelzüchter-Bunds e. V. (DKV). Hanke Verlag GmbH, Künzelsau

AZ-Nachrichten. Zeitschrift für Mitglieder der AZ (➜ Adressen). Verlag M. & H. Schaper, Alfeld

Wellensittiche im Internet

Praxistipps und Informationen zu Pflege, Ernährung und Gesundheit von Wellensittichen sowie Buchtipps, Adressen von Züchtern und Vereinen finden Sie auf diesen Internetseiten:
www.papageien-training.de
www.papageien.de

www.papageienfonds.de
www.birds-online.de
www.wellensittich.de
www.rainbow.wellensittich.de/
Homepage über den seltenen Farbschlag der Rainbow-Wellensittiche
www.handicapvoliere.de/
Homepage, die sich mit Lebensraumanpassungen für alte und behinderte Wellensittiche befasst

Englischsprachige Internetseiten:
www.feathersandforage.co.uk/
Homepage mit Bildern und Ideen zur Futtersuche und Lebensraumanreicherung für Sittiche
www.sandman.com/birdcast.htm
Livecam einer amerikanischen Sittichhaltung

Informationen über giftige Pflanzen finden Sie unter:
www.giftpflanzen.ch
www.botanicus.de

Wichtige Hinweise

Kranker Wellensittich Treten bei Ihrem Vogel Krankheitsanzeichen auf, gehört er sofort in die Hand eines Tierarztes.
Ansteckungsgefahr Nur wenige Wellensittichkrankheiten sind auf den Menschen übertragbar. Weisen Sie Ihren Arzt auf Ihren Tierkontakt hin. Das gilt besonders bei grippeähnlichen Erkrankungen.
Allergie und Asthma Manche Menschen reagieren auf Federn und Federstaub. Wenn Sie unsicher sind, fragen Sie vor dem Kauf eines Wellensittichs Ihren Hausarzt.

Dank

Die Autorin und der Verlag danken Frau Maisch und ihren Wellensittichen für ihre Unterstützung beim Shooting, Karl-Heinz Lambert für die Freilandaufnahmen, der Firma Rübenach (www.volierenbau.de) und dem Papageienparadies Wagner (www.parrotshop.de) für die Bereitstellung von Volieren, Käfigen und Spielzeug für diesen Ratgeber.
Margareta Bindert und Sven Fischer danken die Autorin und der Verlag für die Planung und den Bau des Freisitzes.

Freude am Tier

GU Tierratgeber – damit Ihr Heimtier sich wohlfühlt

ISBN 978-3-8338-0187-7
144 Seiten, mit Poster

ISBN 978-3-8338-0592-9
64 Seiten

Das macht sie so besonders:

Rat vom Experten – bestens informiert

Gut versorgt – von Anfang an

Tolle Ideen – mit Wohlfühlgarantie

Willkommen im Leben.

Unsere Garantie

Alle Informationen in diesem Ratgeber sind sorgfältig und gewissenhaft geprüft. Sollte dennoch einmal ein Fehler enthalten sein, schicken Sie uns das Buch mit dem entsprechenden Hinweis an unseren Leserservice zurück. Wir tauschen Ihnen den GU-Ratgeber gegen einen anderen zum gleichen oder ähnlichen Thema um.

Liebe Leserin und lieber Leser,

wir freuen uns, dass Sie sich für ein GU-Buch entschieden haben. Mit Ihrem Kauf setzen Sie auf die Qualität, Kompetenz und Aktualität unserer Ratgeber. Dafür sagen wir Danke! Wir wollen als führender Ratgeberverlag noch besser werden. Daher ist uns Ihre Meinung wichtig. Bitte senden Sie uns Ihre Anregungen, Ihre Kritik oder Ihr Lob zu unseren Büchern. Haben Sie Fragen oder benötigen Sie weiteren Rat zum Thema? Wir freuen uns auf Ihre Nachricht!

Wir sind für Sie da!
Montag–Donnerstag:
8.00–18.00 Uhr;
Freitag: 8.00–16.00 Uhr
Tel.: 0180-5005054*
Fax: 0180-5012054*
E-Mail: leserservice@
graefe-und-unzer.de
*(0,14 €/Min. aus dem dt. Festnetz/
Mobilfunkpreise maximal 0,42 €/Min.)

P.S.: Wollen Sie noch mehr Aktuelles von GU wissen, dann abonnieren Sie doch unseren kostenlosen GU-Online-Newsletter und/oder unsere kostenlosen Kundenmagazine.

GRÄFE UND UNZER VERLAG
Leserservice
Postfach 86 03 13
81630 München

© 2011
GRÄFE UND UNZER
VERLAG GmbH, München
Alle Rechte vorbehalten.
Nachdruck, auch auszugsweise, sowie Verbreitung durch Film, Funk, Fernsehen und Internet, durch fotomechanische Wiedergabe, Tonträger und Datenverarbeitungssysteme jeglicher Art nur mit schriftlicher Genehmigung des Verlages.

Projektleitung: Cornelia Nunn
Lektorat: Barbara Kiesewetter
Bildredaktion: Silke Bodenberger, Petra Ender (Cover)
Umschlaggestaltung und Layout: independent Medien-Design, Horst Moser, München
Herstellung: Susanne Mühldorfer
Satz: Uhl + Massopust, Aalen
Reproduktion: Longo AG, Bozen
Druck: Firmengruppe APPL, aprinta druck, Wemding
Bindung: Firmengruppe APPL, sellier druck, Freising

Printed in Germany

ISBN 978-3-8338-2209-4

1. Auflage 2011

Umwelthinweis

Dieses Buch ist auf PEFC-zertifiziertem Papier aus nachhaltiger Waldwirtschaft gedruckt. Um Rohstoffe zu sparen, haben wir auf Folienverpackung verzichtet.

GRÄFE
UND
UNZER

Ein Unternehmen der
GANSKE VERLAGSGRUPPE

Die Autorin

Hildegard Niemann ist Diplom-Biologin und freiberuflich tätig als »Parrot Behaviour Consultant«. Sie berät Halter aller Papageien- und Sitticharten zum Thema Verhalten, Haltung und Ernährung. Für das WP-Magazin arbeitet sie als Autorin und veröffentlicht zahlreiche Artikel. Von Hildegard Niemann sind bei GU bereits die Titel »Graupapageien«, »Nymphensittiche« und »Wellensittiche« erschienen.

Der Fotograf

Oliver Giel hat sich auf Natur- und Tierfotografie spezialisiert und betreut mit seiner Lebensgefährtin Eva Scherer Bildproduktionen für Bücher, Zeitschriften, Kalender und Werbung. Mehr über sein Fotostudio finden Sie unter: www.tierfotograf.com

Alle Fotos in diesem Buch stammen von **Oliver Giel** mit Ausnahme von: **Karl-Heinz Lambert:** Seite 6. Alle Zeichnungen in diesem Buch stammen von **Claudia Schick.**

Syndication:
www.jalag-syndication.de